Grandes visiones de la historia
de *De Civitate Dei* a *Study of History*

Bernardino Bravo Lira

Grandes visiones de la historia
de *De Civitate Dei* a *Study of History*

Con colaboración de:
Santiago Montt Oyarzún
Javier Rodríguez Torres
Cristián Núñez González
Manuel Vial Dumas

HOMENAJE A LOS
250 AÑOS (1758-2008)
DE LA FACULTAD DE DERECHO
DE LA UNIVERSIDAD DE CHILE

EDITORIAL UNIVERSITARIA

Agradecimientos

Con gusto debo decir que el cursillo recogido en este volumen es fruto del trabajo de la cátedra. No tiene nada de improvisado. Se formó con el aporte de una serie de ayudantes, quienes curso tras curso prepararon y perfeccionaron los apuntes de las lecciones. En concreto quiero reiterar mi aprecio y reconocimiento, ante todo, a Santiago Montt Oyarzún, de quien fue la iniciativa de darles su forma actual, y a quienes contribuyeron a llevarla adelante: Javier Rodríguez Torres, Cristián Núñez González y Manuel Vial Dumas.

ÍNDICE

Prólogo

Con la palabra Historia es posible entender dos cosas diferentes: el suceder y la ciencia que estudia ese suceder. Una aspiración constante de nuestra cultura ha sido lograr una explicación total del pasado, para lo cual el "suceder" ha sido concebido de dos maneras diversas: algunos lo han entendido como un proceso de crecimiento hacia una meta ideal, sea que ésta se encuentre situada dentro o fuera del tiempo. Otros lo conciben como una cadena de repeticiones cíclicas, al modo de los procesos biológicos presentes en los seres orgánicos considerados en su individualidad. Para los primeros, el acontecer humano es único; para los segundos, es múltiple, pues cada entidad se desenvuelve aisladamente.

La concepción lineal de la historia, cuya raíz bíblica parece evidente, es asumida por el providencialismo agustiniano, por el marxismo y por el positivismo; Jaspers, en cierto modo está situado en ella. La concepción cíclica es la más antigua, con Polibio, y, a la vez, la más moderna, pues reaparece con Maquiavelo, sigue con Vico y, ya en el siglo XX, las grandes formulaciones históricas de Hegel, Spengler y Toynbee parecen ajustarse preferentemente a esta segunda interpretación. En ella los nuevos protagonistas de la historia son las sociedades o culturas. De esta manera, la historia universal es el ámbito en que se mueven las diversas culturas contemporáneas, cuyo movimiento constituye un proceso único en tanto que por él alcanzan los hombres la libertad, esto es, el dominio cada vez más perfecto de la naturaleza, y, al mismo tiempo, la unidad. Así, en un mundo globalizado como el nuestro, el suceder histórico está empezando a ser universal, siendo el universalismo más un término de llegada que un mero planteamiento científico.

Estas grandes interpretaciones que han tratado de descifrar el sentido de la sucesión de las edades ¿han tenido éxito? Las respuestas modernas de los dos últimos siglos a las interrogantes que suscita el sentido de la historia han terminado en decepciones profundas que suscitan una crisis de conciencia. No cabe, empero, el pesimismo, pues el hombre, un ser libre y responsable, será siempre capaz de una reacción salvadora, aunque sea al borde mismo del abismo que parece abrirse bajo los pies de la humanidad que protagoniza el suceder de nuestro tiempo, tan lleno de sombras, pero no exento de luces.

Las páginas que siguen están dedicadas a estas grandes visiones, un tema que goza de amplia acogida, no sólo entre los universitarios, sino también en la educación media y en el público no especializado. Por lo mismo me es muy grato para mí prologar este libro, fruto de años de estudio y de docencia. Como es sabido, en nuestro país, esta forma de abordar la historia nació y ha adquirido carta de ciudadanía al alero de una de las cátedras más antiguas de Chile, la de historia del derecho, antes derecho canónico, que data de 1758.

Desde hace más de medio siglo se incorporaron las grandes visiones de la historia en dichas cátedras, a modo de introducción. Así lo entendieron maestros insignes como Jaime Eyzaguirre y su discípulo Gonzalo Vial, en la Universidad de Chile y en la Universidad Católica de Chile y así continúan haciéndolo, con indudable provecho, no sólo sus sucesores en la cátedra, sino otros muchos profesores de distintas universidades. La experiencia confirma con qué eficacia el contacto con estos temas contribuye a abrir a los estudiantes nuevos horizontes y a hacer germinar un criterio histórico.

La aparición de este libro coincide con los 250 años de la mencionada cátedra, instituida originalmente por el rey Felipe V como Sagrados Cánones, y que desde 1902 pasó a ser Historia del Derecho. Primer catedrático ordinario fue Alonso de Guzmán y no deja de ser significativo el hecho de que el autor de la presente obra sea precisamente su vigésimo tercer sucesor, Bernardino Bravo Lira.

Por mi parte como actual catedrático de derecho canónico, consciente del innegable poder formativo que tiene el manejo directo de los textos, no puedo menos que aplaudir este esfuerzo por coleccionarlos y ponerlos al alcance de los estudiosos.

CARLOS SALINAS ARANEDA
De la Academia Chilena de la Historia
Del Pontificio Comité de Ciencias Históricas
Profesor de Derecho Canónico
Universidad Católica de Valparaíso
Universidad de Chile

Valparaíso, mayo de 2007

Prefacio

El hombre, su mundo y su tiempo. Ubicación y desubicación

Este volumen presenta las grandes visiones de la historia sin intermediarios, en sus textos originales. No son muchos, pero nos ponen en contacto inmediato con los autores y, por ende, nos permiten introducirnos, con la mayor naturalidad, en un diálogo singular. Sin que los interlocutores se conozcan entre sí personalmente este diálogo permanece abierto, desde la *Ciudad de Dios* hasta la *Decadencia de Occidente,* vale decir, desde el siglo IV hasta hoy.

La historia no necesita presentación, es suficientemente conocida y tiene muchos admiradores. En cambio esta suerte de metahistoria, a la que pertenecen las grandes visiones del pasado, requiere una introducción. Como lo dice su nombre, está más allá de la historia y por lo mismo tiene una singular actualidad. Más que para conocer el pasado, puede servir para ubicarnos en el presente, dentro del mundo y de la época en que nos toca vivir y actuar. En este sentido, es una gran escuela para los nuevos, los jóvenes que ingresan al gran escenario de la historia. Ellos son los que más necesidad tienen de ubicarse.

A menudo se compara la historia con un río que discurre por los campos. Pero puede muy bien comparársela con una justa deportiva, un partido de fútbol, por ejemplo. Las grandes visiones miradas así nos permiten saber dos cosas clave para nuestra vida: cuál es el marco histórico donde nos movemos y a qué altura del partido nos encontramos.

En cuanto van más allá de la historia, tales visiones son como un espejo. En él podemos mirarnos y reconocer en qué situación nos hallamos realmente, digamos la cancha y el tiempo jugado. Esto es eminentemente práctico. Decían los antiguos *nihil novum sub sole,* no hay nada nuevo bajo el sol. Es decir, siempre está abierta la posibilidad de confrontar nuestras propias experiencias con hechos similares del pasado y, con ello, de apreciarlas y comprenderlas más adecuadamente. Volviendo al símil del partido, el jugador novato, al entrar en el campo, no puede hacer otra cosa que fijarse en los mayores, si quiere aprender a desempeñarse con brillo y eficacia.

En este sentido, la historia puede compararse también con un edificio de tres pisos. El primero corresponde a los hombres, que la hacen con sus hechos. El segundo, del medio, es el de los historiadores, que la escriben a partir de esos hechos, y la cúspide, es de quienes la interpretan y ofrecen, por decirlo así, desde lo alto, una visión universal de ella. A estas grandes visiones puede aplicarse el adagio latino *non multa, sed multum*: más que decir muchas cosas del pasado, como la historia, dicen mucho. Enfrentan interrogantes que la historia no puede responder. En primer término, nada menos que los orígenes y destino del hombre en el mundo: de dónde venimos y hacia dónde nos encaminamos.

Pocos, poquísimos, han sido quienes se han ocupado del tema. Cada uno se sintió movido a tomar la pluma en una coyuntura distinta. Algunos, bajo la impresión de ver derrumbarse a su alrededor su propio mundo. Tal es el caso del primero y de los dos últimos, cuyos textos recogemos aquí. San Agustín, en el siglo IV, escribe en pleno ocaso del imperio romano, en tanto que Spengler y Toynbee, lo hacen en el recién pasado siglo XX, bajo el prisma del hundimiento de la preponderancia mundial de Europa. No deja de ser sintomático. Otros, en cambio, tratan de la historia universal en un marco de estabilidad y de orden. Su visión no es desconcertante sino armónica. Tal es el caso de Joaquín de Fiore en el mundo monacal del siglo XII y de Bossuet y Vico en pleno Barroco. Por último, hubo otros, como Hegel y sus seguidores Comte y Marx, quienes, bajo la impresión de las contradicciones sociales de su tiempo, el siglo XIX, anunciaron su superación mediante el ingreso de la humanidad en una etapa definitiva, culminación de la historia.

Cada uno de estos autores tiene, sin duda, mucho que decir. Según su época y su mentalidad, aporta lo suyo. En este volumen se reproducen sus dichos en los textos originales, traducidos al castellano. Se expone su visión de la historia con sus propias palabras. Ninguna versión de segunda mano podría reemplazarla. Así lo advierte el adagio italiano *traduttore, traditore*. Hay que ir a las fuentes. Es menester confrontar con el original las explicaciones y comentarios.

En todo caso, el tema desborda las posibilidades de la mente humana. Es un enigma. Por eso, no es raro que la visión necesariamente parcial de cada autor se complemente y enriquezca con la de otros. Más que optar entre una y otra, hay que saber sacar lo bueno de cada una. Al menos así lo aconsejaba Leibniz[1], al hacer notar que las teorías suelen ser mejores por lo que afirman que por lo que niegan. Este es un ejercicio intelectual irreemplazable. Ayuda, como ninguno, a formarse un criterio histórico. En él convergen y se depuran mutuamente la variedad de los hechos propia de la historia con la mirada unitaria de la metahistoria.

Santiago, 9 de enero de 2007

---

[1] Leibniz, Gottfried Wilhelm. "De arte combinatoria" en su *Nova methodus discendae docendaeque iurisprudentia*, 1667, en *Sämtliche Schriften und Briefe*, Darmstadt 1930, varias otras ediciones.

Introducción

Historia y metahistoria. La historia y sus encantos. Daniel y los cuatro imperios. Eusebio y la historia universal. Grandes visiones de la historia: mono y multicausales

Las visiones de la historia aparecen en forma bastante tardía. Para llegar a ellas fue necesario recorrer un largo camino intelectual. Un primer hito fue la doctrina de los cuatro imperios. De ella se pasó a la noción de historia universal que, a su vez, sirvió de base a las grandes visiones. A continuación nos ocupamos de estas etapas.

La historia y sus encantos

La historia tiene sus encantos y sus admiradores[2]. Para unos es entretenida. Al respecto vale el elogio del francés Guizot, la historia es la mejor de las novelas. Con personajes y hechos reales, sus páginas dejan muy atrás a las más apasionantes obras de ficción. Para otros, la historia es maestra. Siguiendo a Cicerón, tratan de aprovechar sus lecciones[3]. Ven en ella una *magistra vitae*, llena de ejemplos a imitar o a evitar. Según esto, el cometido de la historia sería enjuiciar el pasado, instruyendo y adoctrinando el presente en beneficio del porvenir. En fin, hay otros para los cuales la historia es ante todo, una ciencia, cuyo objeto es reconstruir el pasado, a través de los testimonios disponibles, para averiguar así, en expresión de Ranke, cómo sucedieron propiamente las cosas[4].

Pero se puede ir más allá de la reconstrucción científica del pasado. Se puede acudir a él para entender el presente. En este sentido, la historia es como un espejo en el que cabe descubrir reflejados algunos rasgos del propio tiempo. Sobre la base de este contrapunto es posible formarse un juicio acerca la propia situación histórica, lo que sobra y lo que falta.

Entiéndasela como se la entienda, el campo de la historia es vasto y variado. Como decían los griegos, sólo los dioses y las cosas no tienen historia. Unos están

---

[2] Bernheim, Ernst. *Lehrbuch der historischen Methode*, Leipzig 1889, varias ediciones. Distingue tres formas de hacer historia: narrativa, didáctica y científica. Cassani, José Luis y Pérez Amuchástegui, Antonio J. *Del epos a la historia científica*, Buenos Aires, 1959.

[3] Cicerón, Marco Tulio. *De oratore*, 2,9,36.

[4] Ranke, Leopold von. *Geschichte der romanischen und germanischen Völker 1494-1535*, Prefacio, (1824), en Sämtliche Werkw, Leipzig 1885, 33, 7. Wehling, Arno. "En torno de Ranke: a questao da objetividade hitórica", en *Revista de Historia* , Universidade de Sao Paulo, 93, 1973.

por encima de ella y los otros, por debajo. Según esto, caen bajo la mira de la historia los hechos y personajes que forman la trama del pasado humano.

Los modos y maneras de tratarlos son múltiples, son el estudio de personajes o biografías o el de países y pueblos, los más conocidos. No menos relevante es la historia de las dinastías o de las instituciones, de los continentes y las potencias, sin olvidar, por cierto, la historia de las culturas con su vasto espectro, que, según lo indica la palabra latina *colo-cultivo*, se abre desde el cultivo de la tierra hasta el culto de los dioses.

Dentro de todas estas manifestaciones de la historia cabe discernir, en cierto modo, tres estratos o escalones. Primero está la historia vivida, es decir, la que hacen los hombres con sus hechos. Ésta es la base de todas las demás. En segundo lugar, viene la historia escrita, o sea la que hacen los historiadores sobre la base del estudio de esos hechos. Es la historia narrada. Sólo en un tercer plano, encontramos interpretaciones de la historia, que formulan téologos y pensadores más allá de los hechos mismos, a la luz de la revelación y de la razón. Tales son las grandes visiones de la historia, sin duda, un espectáculo más magnífico y apasionante que ninguna novela.

Como su meta no es averiguar los hechos, sino averiguar su sentido, nada impide a estos intérpretes extenderse en el tiempo y en la geografía sin otra medida que la verosimilitud e intentar una historia universal del hombre, de los pueblos y de las culturas que abarque el pasado, el presente y el futuro.

Precisamente por no hallarse obligados a atenerse a los hechos, sus autores son dueños de pasearse a su gusto, a lo largo y a lo ancho de los tiempos y de los continentes. Esto es lo que, a menudo, cautiva al público culto. Aquí reside el mayor atractivo de estas grandes visiones de la historia. Responden a interrogantes vitales acerca de la suerte del mundo y de los hombres, sobre las que muchos quieren saber y las que la historia propiamente tal no está en condiciones de resolver. Estas visiones no serán historia, en sentido estricto, pero por lo que tienen de tal, ofrecen un espectáculo tan grandioso y apasionante, como esa especie de canción de los siglos, de que habló Víctor Hugo[5].

Daniel y los cuatro imperios

La noción de historia de la humanidad surgió originalmente dentro del marco de una visión teológica del mundo. Se llegó a ella a partir de una consideración de la relación de los hombres y de los pueblos con Dios. Este enfoque permitió abarcar en forma unitaria a la multitud de gentes, de todo el mundo y de todos los tiempos. Si no, cada hombre y cada pueblo tendría por separado su propia historia. Es

---

[5] Hugo, Víctor. *La légende des siècles*, 2 vols., París 1859-1877.

decir, sólo bajo un prisma teocéntrico se llegó a concebir que todos los hombres eran copartícipes de una misma historia de un acontecer común.

El primer atisbo conocido de una gran visión de la historia de este género, se encuentra en la Sagrada Escritura, la Biblia. Corresponde a la interpretación, que medio milenio antes de Cristo, el profeta Daniel dio al sueño del rey Nabucodonosor.

Ahora bien, el libro de Daniel debe haber sido compuesto entre 170 y 160 antes de Cristo. Por tanto es muy posterior Nabucodonosor (604-562). No obstante, su interpretación del sueño del rey contribuyó a difundir la doctrina de los cuatro imperios y, a través de ella, al surgimiento de la noción de historia universal[6].

Esta idea era desconocida. Por lo que sabemos, hasta entonces nunca se había considerado en forma unitaria la suerte de la multitud de hombres y pueblos que a través de las épocas habitan en distintas partes de la tierra. Antes bien, a lo más cada imperio, pueblo o tribu era consciente de tener una historia propia, como tal, diferente de la de los otros. Así como eran muchos los dioses y cada pueblo, tribu o ciudad tenía los suyos, también la existencia de cada uno transcurría aparte de los demás. Hasta Daniel, nunca se habló de una historia común que comprendiera todos los hombres de todos los tiempos.

Según el relato que transcribimos en seguida, el joven Daniel, judío cautivo en Babilonia, conocido por sus dotes de saber y de consejo, fue llamado a la presencia del rey Nabucodonosor para que interpretara un sueño terrible que había tenido el monarca. Ante su real interlocutor trazó el joven profeta un grandioso cuadro de la historia por venir. Partiendo desde su propia época, expuso lo que habría de suceder hasta el fin de los tiempos. La visión abarca así a todos los hombres y a todos los pueblos, contemplados en un enfoque teológico desde lo alto, es decir, desde Dios.

En concreto, Daniel enumera cuatro imperios que corresponden a otras tantas épocas. Uno tras otro tendrán el dominio del mundo, en forma cada vez más amplia. Pero la plenitud llegará tras ellos con otro imperio, distinto de los anteriores, fundado no por mano del hombre. Este durará hasta el fin de los tiempos y reunirá bajo su poder a todos los pueblos de la tierra.

Como se aprecia, la visión de Daniel no se reduce a la historia de uno o más pueblos, sino que tiene en vista a la humanidad entera. Además, en lugar de hacer un recuento del pasado, anuncia el futuro que vendrá. Constituye, pues, una profecía o anticipo de lo que sucederá. No obstante, en cuanto es la primera exposición conocida de la historia como sucesión de épocas que, de uno u otro modo, afectan a todos los hombres, es el más temprano antecedente de que se tiene no-

---

[6] Momigliano, Arnaldo. "Daniel y la sucesión griega de los imperios", en *La Historiografía griega*, Madrid, 1984. Hubeñak, Florencio. "Historia política y profecía: Roma y los grandes imperios antiguos a la luz de las prediccioes del profeta Daniel", en *Hispania Sacra* 48, 1996. Zeeden, Ernst Walter. "denn Daniel lügt nicht. Daniel Prophetie der Geochichte in der Exegese ..." en Rabe, Horst, *Festschrift*, Francfort a. M. 1997.

ticia de una visión universal de la historia. Como tal, es, en todo caso, el punto de partida para las posteriores.

Este enfoque de la historia fue en general extraño al mundo grecolatino que tuvo una concepción, a la vez, múltiple y cíclica de la misma: cada pueblo sigue la suya y ésta se repite una y otra vez –*nihil novum sub sole.*

El sueño de Nabucodonosor

"Después de esto fuese Daniel a encontrar a Arioc, a quien había dado el rey el encargo de hacer morir a los sabios de Babilonia, y le habló de esta manera: No quites la vida a los sabios de Babilonia: acompáñame a la presencia del rey, y yo le expondré la solución. Entonces Arioc condujo luego a Daniel a la presencia del rey, a quien dijo: He hallado un hombre entre los hijos de Judá, cautivos, el cual dará al rey la explicación que desea. Respondió el rey y dijo a Daniel, a quien se daba el nombre de Baltasar: ¿Crees tú realmente que podrás decirme el sueño que tuve y darme su interpretación? A lo que respondió Daniel al rey, diciendo: El arcano que el rey desea descubrir no se lo pueden declarar al rey los sabios, ni los magos, ni los adivinos, ni los arúspices. Pero hay un Dios en el cielo que revela los misterios, y Éste te ha mostrado, ¡oh rey Nabucodonosor!, las cosas que sucederán en los últimos tiempos.

Tu sueño y las visiones que ha tenido tu cabeza en la cama son las siguientes: Tú, ¡oh rey!, estando en tu cama, te pusiste a pensar en lo que sucedería en los tiempos venideros; y aquel que revela los misterios te hizo ver lo que ha de venir. A mí también se me ha revelado ese arcano, no por una sabiduría que en mí haya más que en cualquiera otro mortal; sino a fin de que el rey tuviese una clara interpretación, y para que reconocieses los pensamientos de tu espíritu: Tú, ¡oh rey!, tuviste una visión, y te parecía que veías como una grande estatua, y esta estatua grande y de elevada altura estaba erguida enfrente de ti; y su presencia era espantosa. La cabeza de esta estatua era de oro finísimo; el pecho, empero y los brazos, de plata; mas el vientre y los muslos, de cobre; y de hierro las piernas; y una parte de los pies era de hierro y la otra de barro. Así la veías tú cuando, sin que mano ninguna la moviese, se desgajó del monte una piedra, la cual hirió la estatua en sus pies de hierro y de barro, y los desmenuzó. Entonces se hicieron pedazos igualmente el hierro, el barro, el cobre, la plata y el oro, y quedaron reducidos a ser como el tamo de una era en el verano, que el viento esparce; y así no quedó nada de ellos. Pero la piedra que había herido a la estatua se hizo una gran montaña, y llenó toda la tierra. Tal es el sueño.

16

Diremos también en tu presencia, ¡oh rey!, su significación. Tú eres el rey de reyes; y el Dios del cielo te ha dado a ti reino, y fortaleza, e imperio, y gloria; y ha sujetado a tu poder los lugares todos en que habitan los hijos de los hombres, como también las bestias del campo y las aves del aire; todas las cosas ha puesto bajo tu dominio; tú, pues, eres la cabeza de oro. Y después de ti se levantará otro reino, menor que el tuyo, que será de plata, y otro tercer reino, que será de cobre o bronce, el cual mandará a toda la tierra. Y el cuarto reino será como el hierro. Al modo que el hierro desmenuza y doma a todas las cosas, así destrozará y desmenuzará a todos los demás. Mas en cuanto a lo que has visto, que una parte de los pies y de los dedos era de barro de alfarero, y la otra de hierro, sepas que el reino, sin embargo, que tendrá origen de vena de hierro, será dividido, conforme lo que viste del hierro mezclado con el barro cocido. Y como los dedos de los pies en parte son de hierro, y en parte de barro cocido: así el reino en parte será firme y en parte quebradizo. Y al modo que has visto el hierro mezclado con el barro cocido, así se unirán por medio de parentelas; mas no formarán un cuerpo el uno con el otro, así como el hierro no puede ligarse con el barro. Pero en el tiempo de aquellos reinos, el Dios del cielo levantará un reino que nunca jamás será destruido: y este reino no pasará a otra nación; sino que quebrantará y aniquilará todos estos reinos; y él subsistirá eternamente; conforme viste tú que la piedra desprendida del monte sin concurso de hombre alguno desmenuzó el barro, y el hierro, y el cobre, y la plata, y el oro: el gran Dios ha mostrado al rey las cosas futuras, y el tal sueño es verdadero y es fiel su interpretación".

Daniel, 2, 24-45

Eusebio y la historia universal

La noción de que la humanidad tenía una historia común, apareció tardíamente. No tiene dos mil años. Pero desde que surge no ha dejado de aparecer y reaparecer. Ha servido de marco a los intentos de reducir los episodios, personajes y pueblos del pasado a un relato o secuencia de alcance mundial. Ya Heródoto (c. 480-430 d.C.) habla de historia mundial en el sentido geográfico. Entre los escritores cristianos, como Eusebio de Cesarea (c. 265-339), la expresión cobra un sentido histórico, de historia de la humanidad.

Contemporáneo del emperador Constantino, quien puso fin a la persecución del cristianismo en el imperio, Eusebio unió la noción de historia de la humanidad con la doctrina de los cuatro imperios de la profecía de Daniel. En su obra *Chroni-*

con refundió en forma cronológica la historia de todos los pueblos entonces conocidos. En una primera parte se ocupó de los anteriores a los griegos y romanos, y en la segunda, presentó en columnas paralelas, bajo una de forma cronológica, los hechos profanos y religiosos, desde los orígenes conocidos, el legendario rey Nino de Mesopotamia, hasta Constantino, es decir, su propio tiempo[7].

Eusebio identificó imperio con el *ecumene* griego y con la *cristiandad*. Sobre esta base pudo identificar la sucesión de cuatro imperios con la historia del mundo. Según esto, el primero fue el babilonio. A éste le siguieron el persa y el griego de Alejandro Magno. La serie anunciada por la profecía de Daniel culmina en el imperio romano. Santificado por el nacimiento de Cristo, el Salvador de los hombres, este imperio tiene un lugar único en la historia de la Humanidad. La piedra no lanzada por la mano del hombre, que vio en sueños Nabucodonosor, no es otro que Cristo, el Verbo de Dios hecho hombre, cuyo reinado durará hasta el fin de los tiempos.

El *Chronicon* de Eusebio, fue continuado por una serie de autores, de los cuales el más relevante es, sin duda, San Jerónimo, traductor de la Biblia al latín[8]. Unida al imperio romano, la doctrina de los cuatro imperios persistió por siglos. Muchos sostuvieron que al imperio romano le estaba prometida la perennidad, que era una suerte de *Cathekon,* es decir, que frenaba el fin del mundo, por eso no podía desaparecer hasta la segunda venida de Cristo al final de los tiempos[9].

De hecho el ideal de imperio romano cristiano pervivió hasta el siglo XX. Sin él no se puede entender la historia de Europa medieval y moderna. Puesto que se pensaba que no podía desaparecer, hubo varias *renovatio imperii*, como la de Carlomagno en 800 y varias *translatio imperii*, como la que siguió a la caída de Constantinopla, la segunda Roma en manos de los turcos en 1453, a Moscú, la tercera Roma[10]. El último zar de este imperio ruso fue Nicolás II, quien reinó hasta 1917, en tanto que el último emperador en Occidente, fue Carlos I de Austria, quien reinó hasta 1918. No deja de ser significativo que estos postreros representantes del milenario ideal de imperio cristiano hayan sido elevados a los altares[11].

---

[7]   Cesarea, Eusebio de. *Chronicon*, ed. Helm Rudolf, Berlín 1956. Krüger. Kart Heinrich, *Die Universalchroniken*, Turnout, 1967.

[8]   Id.

[9]   Suerbaum, Werner. *Vom Antiken zum Frühmittlalterlichen Staatbegriff*, Münster i. W. 1961, 3a.ed. 1977.

[10]   Gilissen, John. "La notion d'empire dans l'histoire universlle" en el mismo (ed.); *Les grandes empires*, en *Recueil de la Societé Jean Bodin* 31, Bruelas 1973. Duverger, Maurice (ed.), *Le concept d'Empire*, París 1980. Gaudemet, Joseph; "L concept d'empire" en *Revue historique de droit francais et étranger* 59, París 1981. Bravo Lira, Bernardino. "Del imperio a los Estados. Universalismo y pluralismo en el orden mundial", en *Revista Chilena de Historia del Derecho*, 17, Santiago 1992-1993. Catalano, Pierangelo y Pasuto V. (ed.) *L'idea de Roma a Mosca, secoli XVV e XVI. Fonti per la storia del pensiero sicuale russo*, Roma, 1993.

[11]   Goerlich, Ernst-Josef. *Der letzte Kaiser, ein Heiliger?*, Stein 1972. Rieder, Heinz. *Der Letzte Monarch Österreich-Hungarn 1887-1922*, Munich, 1981. Laun, Andreas. "Karl von Österreich-ein Christ für Europa", in *Kirche Heute* 1, Altötting, 2003.

Grandes visiones de la historia

La doctrina de los cuatro imperios culminó en la noción de historia universal y ésta abrió paso a las grandes visiones de la historia. Del supuesto de que todos los hombres de todos los tiempos comparten una misma suerte, se pasó a explicar el curso que sigue esa historia universal.

No fue fácil intentarlo ni es del todo posible. Si en el estudio del pasado hay siempre una desproporción entre los hechos, tal como sucedieron y la reconstrucción de ellos, tal como la hacen los historiadores, en el caso de las grandes visiones de la historia, esta desproporción llega al paroxismo. El historiador corriente se encuentra limitado por los datos e informaciones que logra acopiar, pero, en vista de eso, puede por su parte, al menos, acotar él mismo el campo de su estudio. Con ello se reduce la distancia entre la historia vivida y la historia escrita y cabe aspirar a un relato más fiel, más exacto.

Nada de esto es posible en las grandes visiones de la historia. Aquí lo único fijo es la vastedad del tema. O es una mirada a toda la historia humana –pasado, presente y porvenir– o no es una gran visión sino una historia parcial. Así pues, el tema está dado y no cabe recortarlo. El autor tiene que arreglárselas como pueda para abordarlo. La desproporción entre la historia universal y los hechos y los medios con que él cuenta para trabajarla es enorme. Por lo mismo, la diferencia entre lo que al historiador es dable escudriñar acerca del pasado y la gran visión de la historia, es inmensa.

Aunque se la ha calificado de histórica, la gran visión tiene mucho de salto en el vacío. Es metahistoria y no historia. Su cometido no es reconstruir los hechos, tal como propiamente sucedieron, sino volar por encima de ellos. Más que escudriñar los hechos, buscan desentrañar su sentido, más que exponer lisa y llanamente lo que pasó, explicar los tiempos en que cada uno vive. Según esto, la gran visión no pasa de ser una aproximación al pasado, tanto más aventurada cuanto más ambiciosa. En esto tiene algo en común con esas caricaturas de historia universal que suelen aparecer en folletos o en televisión. Profusamente ilustradas, creen poder compendiar, de un modo un tanto infantil, el pasado del hombre desde las cavernas hasta el desciframiento del genoma humano. No pasan de ser una burda simplificación, un producto comercial, colorido pero insustancial.

Sin embargo, aquí precisamente radica el gran atractivo de las visiones de la historia. Responden a interrogantes que no se pueden resolver. Son aproximaciones, pero tocan cuestiones vitales, para las cuales no siempre hay respuesta, al menos al alcance del hombre. No olvidemos que los griegos repararon en que una cosa es lo inteligible en sí mismo y otra lo inteligible para el hombre. Son dos círculos concéntricos de distinto diámetro. Uno inconmensurable, la *sophia*, constituido por todo lo que es inteligible para un entendimiento infinito, como el de Dios, y otro limitado, la *philosophia*, constituido por la parcela de la realidad que es inteligible para un entendimiento limitado, como el del hombre[12].

---

[12] Chevalier, Jacques. *Historia del pensamiento*, 4 vols., Madrid, 1958-1968.

La historia propiamente tal no puede responder a preguntas tan acuciantes, como de dónde venimos, o la mil veces más vital, acerca de hacia dónde vamos. Por eso, la historia universal escapa a las posibilidades del entendimiento humano. Si hay algo del todo imposible es abarcar en su totalidad la historia humana desde sus remotos comienzos hasta su final, que no ha llegado todavía y, por tanto, es un misterio que sólo Dios conoce. Quienes han afirmado que hemos llegado al fin de la historia[13], o bien han empleado un lenguaje figurado o bien no saben lo que dicen.

La historia es insondable. Por eso los historiadores son cautelosos, tanto en sus propias investigaciones como frente a otros estudios del pasado. No se dejan engañar, como los bárbaros, con baratijas de colores. Ellos mismos se contentan con lo que está a su alcance, esto es, con un conocimiento parcial y fragmentario del pasado, que, por lo mismo, cabe ampliar gracias a nuevos hallazgos y a nuevos métodos. Por eso, las investigaciones se complementan entre sí. Unos se ocupan de determinados temas, otros de personajes y hechos distintos. Pero de estos avances, siempre referidos a tiempos y lugares determinados, a una historia universal hay una distancia imposible de cubrir, difícil de imaginar.

Se comprende muy bien que los historiadores miren con malos ojos la historia universal. No es lo suyo. Una cosa es la historia y otra estas grandes visiones. El trabajo riguroso y concreto del historiador, que verifica dato a dato, se aviene poco con las generalizaciones propias de estas grandes visiones de la historia. La investigación no está en condiciones de conocer sino parcelas muy limitadas de la historia de la humanidad y esto de modo más o menos incompleto. No sin razón declaró el historiador Jacob Burckhardt (1818-1897), que las grandes visiones de la historia eran tan monstruosas como un centauro[14].

Visiones mono y multicausales de la historia

No es casualidad que ninguna de las grandes visiones de la historia se deba a un historiador de profesión. Spengler y Toynbee en el siglo XX son la excepción. Los demás son pensadores más que historiadores. Además, son pocos y, por lo general, ni siquiera se conocen ni tienen contacto entre ellos. Es tanta la distancia entre el tema y el autor, que éste no tiene más remedio que acudir a su experiencia personal del mundo y de la época en que vivió. Tales vivencias y no un conocimiento más o menos representativo de los hechos, suelen dar la clave de su compresión de la historia universal. En su caso, más que en ningún otro, hay que mirar al escritor, antes de examinar sus escritos. Puede decirse con el refrán: *cada uno habla de la feria según le fue en ella.*

[13]   Fukuyama, Francis. *El fin de la historia y el último hombre*, Buenos Aires, 1992.
[14]   Burckhardt, Jacob. *Reflexiones sobre la historia universal* (1910), México, 1961.

Esto aclara mucho las cosas. Atendido el momento y el método, cabe distinguir tres tipos de visiones de la historia. En general, predominan unas que son multicausales, para las cuales la historia es el resultado de diversos factores que se conjugan entre sí. Sin embargo, en el siglo XIX, bajo el influjo del racionalismo moderno, todas se vuelven monocausales, reducen la historia a un factor único. Posteriormente, se reacciona por razones historiográficas, contra esta simplificación y en el siglo XX vuelve a imponerse la visión multicausal.

En la Antigüedad y en la Edad Media, desde San Agustín hasta Joaquín de Fiore la clave de la historia es la armonía entre revelación y razón, criterio que encontró una formulación clásica en la expresión de San Anselmo: *fides quarens intellectum, intellectus quarens fidem*[15]. La fe no puede menos que buscar al intelecto, toda vez que la revelación divina está dirigida a los racionales no a los irracionales. A la inversa, la propia razón busca a la revelación, ya que topa con cosas que ella misma no puede explicarse. Ahora bien, en esa época, anterior al surgimiento de las universidades, los conocimientos históricos eran muy rudimentarios. En consecuencia, la teología tenía una primacía absoluta respecto de la historia profana. Entonces las visiones de la historia fueron más que nada teología de la historia.

Las cosas habían cambiado cuando en plena modernidad barroca Bossuet y Vico se ocuparon del tema. Gracias a los humanistas y a las universidades, la historia científica comenzaba a despegar. Entonces surge otro enfoque. Se da primacía a la historia profana sobre la revelación en la visión de la historia. Bossuet combinó por primera vez sistemáticamente los datos de la revelación divina con la historia profana, en tanto que Vico, apoyado en esta misma historia, hurgó en el *corsi* y *recorsi* de las naciones.

Esta tendencia llega al extremo en la modernidad ilustrada. Entonces se produce un cambio de actitud, no de enfoque. Se construye una visión histórica sobre la base de la sola razón, vale decir, los datos de la historia y de otras disciplinas. Se disocia el más acá terreno del más allá divino y se analiza la historia en términos intramundanos, como un progreso indefinido de la humanidad. Se llega así a una visión monocausal de la historia, en la que cada autor la reduce a despliegue de un factor único: Hegel al espíritu, Comte a la sociedad y Marx a la materia.

En el siglo XX, con los historiadores de oficio Spengler y Toynbee, se opera una reacción. Un enfoque riguroso, científico, les lleva a descartar desdeñosamente el progreso indefinido y también la exposición monocausal de la historia universal. En cambio, ambos autores parten del hecho de que en el curso del tiempo se hallan múltiples ámbitos históricos, llamados culturas por Spengler o sociedades y civilizaciones por Toynbee. Tales visiones pueden calificarse como culturales, apegadas a los resultados de la historiografía.

---

[15] Anselmo de Aosta. *Proslogium* en Migne (ed.), *Patrología Latina*, 158, 225.

PRIMERA PARTE

ANTIGÜEDAD Y MEDIEVO: VISIONES MONOCAUSALES

a. Agustín de Hipona (354-430)

Visión agonal de la historia

Nació en Tagaste en el norte de África el año 354, de padre pagano y madre cristiana. Su juventud transcurrió turbulenta en medio del espíritu y costumbres del siglo. Fue un inconformista por excelencia. De corazón ardiente y no menos inteligencia, llegó a tener una honda experiencia vital. Abrazó con pasión la retórica, profesión que le permitió abrirse camino en la vida, desde la obscura Tagaste hasta la corte imperial de Milán, a donde llegó a los 30 años en 384. Allí escuchó y conoció a San Ambrosio, obispo de la ciudad quien le bautizó el año 387. Al año siguiente regresó a Tagaste y estableció en su casa una especie de convento. El año 391 fue ordenado presbítero y en 396 obispo de Hipona, donde su predicación y sus escritos hicieron de él la primera figura de la iglesia latina, tanto que se le ha llamado el maestro de Occidente. En el 430, cuando los vándalos asediaban su ciudad aún se encontraba con la pluma en la mano.

La retórica le permitió expresar como nadie su itinerario espiritual. Su obra *Confesiones*, cuenta que mientras estudiaba en Cartago, "Cayó en mis manos un libro de un cierto Cicerón... que llevaba el título de *Hortensius* y que contenía una exhortación a dedicarse a la filosofía. El libro cambió las intenciones de mi corazón y alzó, Señor, mis plegarias a Ti y se trocaron mis aspiraciones. ¡Cómo ardía yo Dios mío!, cómo ardía por dejar atrás lo terreno y por volar hacia Ti, porque está escrito: En Ti está la sabiduría". Esta peregrinación espiritual culmina en la convicción de que nada creado puede llenar las aspiraciones del corazón humano. Una frase quemante condensa su conversión al cristianismo a los 32 años: *feciste nos ad te, et inquietum est cor nostrum donec requiescat*, nos hiciste Señor para Ti e inquieto estará nuestro corazón mientras no descanse en Ti. (Confesiones 1,1).

En su visión de la historia se vuelcan la retórica y experiencia vital. En *Civitas Dei*, escrita tras la caída de Roma en manos de los visigodos dirigidos por Alarico el 410, con el fin de refutar las acusaciones de los paganos, que atribuían la catástrofe al abandono de los antiguos dioses para seguir al Dios único de los cristianos, San Agustín presenta la historia como una lucha entre dos ciudades, que avanzan o retroceden según el desempeño de sus respectivos habitantes, hoy diríamos, según jueguen los equipos en un torneo de fútbol. En otras palabras, San Agustín tiene una visión agonal de la historia, como un partido que se prolonga hasta el fin del mundo. En este sentido, estampa en *De Civitate Dei* una frase que hoy parece cobrar más validez que nunca frente al llamado Estado genocida del siglo XX: *remota iustitia quid sunt regna nisi magna latrocinia*, si se olvida la justicia, qué son las potencias sino bandas de ladrones. *(De Civitate Dei, 4,4).*

En esa obra, escrita entre el 413 y el 426, en forma de 22 libros o fascículos, fue más allá de refutar a los gentiles y se vio arrastrado a proponer una primera gran visión de la historia universal. Con ello abrió perspectivas inéditas a las generaciones posteriores.

Su visión utiliza, a la vez, elementos tomados de la razón y de la revelación cristiana y constituye más bien una teología de la historia que una visión meramente racional o filosófica de la misma. Parte de conceptos revelados tales como, creación, caída original y juicio final, y plantea, por vez primera, la unidad de la humanidad y de su historia, en su pasado, presente y futuro. En esta obra volcó, además, su propia experiencia personal en la búsqueda de Dios y, de este modo, elaboró una visión de la historia en la que la trayectoria de la humanidad entera mantiene un estrecho paralelismo y conexión con la vida de los hombres personalmente considerados, como un partido de fútbol por el desempeño de los jugadores. A los autores posteriores les será difícil mantener esta relación entre una cosa y otra. Fácilmente sacrificarán la actuación humana a fuerzas superiores de orden teórico o práctico, como determinismos geográficos, temporales, espirituales o económicos.

1.- *"Sed huius sanctae ciuitatis inimicis decem superioribus libris, quantum potuimus, domino et rege nostro adiuuante respondimus. Nunc uero quid a me iam expectetur agnoscens meique non inmemor debiti de duarum ciuitatum, terrenae scilicet et caelestis, quas in hoc interim saeculo perplexas quodammodo diximus inuicemque permixtas, exortu et excursu et debitis finibus, quantum ualuero, disputare eius ipsius domini et regis nostri ubique opitulatione fretus adgrediar".*

En los diez libros anteriores hemos respondido, en cuanto hemos podido, con la ayuda de nuestro Señor y Rey, a los enemigos de esta Ciudad Santa. Ahora, fiel a mi compromiso y sin olvidar mi deuda, confiado en todo en la asistencia del mismo nuestro Señor y emprendo en la medida de mis fuerzas, la exposición del origen, trayectoria y correspondientes fines de las dos ciudades: la celestial y la terrena, las cuales, mientras dura este siglo están en cierto modo confundidas y recíprocamente entremezcladas (Lib. XI. 1).

2.- *"Antequam de institutione hominis dicam, ubi duarum ciuitatum, quantum ad rationalium mortalium genus adtinet, apparebit exortus, sicut superiore libro apparuisse in angelis iam uidetur: prius mihi quaedam de ipsis angelis uideo esse dicenda, quibus demonstretur, quantum a nobis potest, quam non inconueniens neque incongrua dicatur esse hominibus angelisque societas, ut non quattuor –duae scilicet angelorum totidemque hominum–, sed duae potius ciuitates, hoc est societates, merito esse dicantur, una in bonis, altera in malis non solum angelis, uerum etiam hominibus constitutae".*

Antes de tratar de la creación de los hombres, donde aparece el origen de las dos ciudades en lo que atañe al género de los racionales mortales, así como ya se vio en el libro anterior que habían aparecido entre los ángeles, me parece que debo hablar todavía algo más sobre los mismos ángeles, con lo cual se demuestre, en cuanto nos sea posible, que no cabe tener inconveniente ni por incompatible una sociedad de los hombres con los ángeles, en términos tales que pueda decirse fundadamente que no existen cuatro sociedades, dos de los ángeles y otras tantas de los hombres, sino sólo dos ciudades, es decir sociedades, una entre los buenos y otra entre los malos, constituidas ambas no solamente por ángeles, sino también por hombres (Lib. XII. 1).

3.- "Proinde causa beatitudinis angelorum bonorum ea uerissima reperitur, quod ei adhaerent qui summe est. Cum uero causa miseriae malorum angelorum quaeritur, ea merito occurrit, quod ab illo, qui summe est, auersi ad se ipsos conuersi sunt, qui non summe sunt; et hoc uitium quid aliud quam superbia nuncupetur? Initium quippe omnis peccati superbia. Noluerunt ergo ad illum custodire fortitudinem suam, et qui magis essent, si ei qui summe est adhaererent, se illi praeferendo id quod minus est praetulerunt. Hic primus defectus et prima inopia primumque uitium eius naturae, quae ita creata est, ut nec summe esset, et tamen ad beatitudinem habendam eo, qui summe est, frui posset, a quo auersa non quidem nulla, sed tamen minus esset atque ob hoc misera fieret".

De aquí que la verdadera causa de la felicidad de los ángeles buenos se encuentra en que adhieren a quien es supremo. Al buscar, en cambio, la causa de la miseria de los ángeles malos, se la encuentra fundadamente en que apartándose de aquello que es lo supremo se volvieron completamente a sí mismos, que no son lo sumo, y este vicio ¿tiene otro nombre que soberbia? Porque la soberbia es el origen de todo pecado. No quisieron poner en Él (Dios) su fortaleza y de esta suerte, quienes habrían sido más adhiriendo a quien es lo supremo, al preferirse a sí mismos prefirieron ser menos. Tal es el primer defecto, la primera miseria y el primer vicio de la naturaleza, que por ser creada en tal forma que sin ser lo supremo que podía, con todo, para obtener la felicidad y gozar del que es lo supremo, al apartarse de Él, no ha dejado de existir, sino que ha quedado disminuida y por esto se ha hecho miserable (Lib.XII. 16).

4.- "Hoc scio, naturam dei numquam, nusquam, nulla ex parte posse deficere, et ea posse deficere, quae ex nihilo facta sunt. Quae tamen quanto magis sunt et bona faciunt –tunc enim aliquid faciunt– , causas habent efficientes; in quantum autem deficiunt et ex hoc mala faciunt –quid enim tunc faciunt nisi uana?– causas habent deficientes. Itemque scio, in quo fit mala uoluntas, id in eo fieri, quod si nollet non fieret, et ideo non necessarios, sed uoluntarios defectus iusta poena consequitur. Deficitur enim non ad mala, sed male, id est non ad malas naturas, sed ideo male, quia contra ordinem naturarum ab eo quod summe est ad id quod minus est. Neque enim auri uitium est auaritia, sed hominis peruerse amantis aurum iustitia derelicta, quae incomparabiliter auro debuit anteponi; nec luxuria uitium est pulchrorum suauiumque corporum, sed animae peruerse amantis corporeas uoluptates neglecta temperantia, qua rebus spiritaliter pulchrioribus et incorruptibiliter suauioribus coaptamur; nec iactantia uitium est laudis humanae, sed animae peruerse amantis laudari ab hominibus spreto testimonio conscientiae; nec superbia uitium est dantis potestatem uel ipsius etiam potestatis, sed animae peruerse amantis potestatem suam potentioris iustiore contempta. Ac per hoc qui peruerse amat cuiuslibet naturae bonum, etiamsi adipiscatur, ipse fit in bono malus et miser meliore priuatus".

Lo que sé, es que la naturaleza de Dios, nunca, en ningún lugar, ni en ningún aspecto puede desfallecer y sí pueden desfallecer las (naturalezas) hechas de la nada. Se desfallece, no por elegir cosas malas, sino por elegir mal, es decir, no por buscar cosas malas sino obrar mal, esto es, contra la naturaleza prefiriendo lo que es menos a lo que es supremo. Así la avaricia no es un vicio propio del oro, sino del hombre que ama perversamente el oro, abandonando la justicia, que debe anteponerse incomparablemente al oro. Ni la lujuria es un vicio de los cuerpos suaves y hermosos, sino del alma que ama perversamente las delicias corporales, despreciando la templanza, por la cual se consiguen cosas espirituales más hermosas e incorruptiblemente más suaves; ni la soberbia es un vicio de las alabanzas humanas, sino del alma que ama perversamente ser alabada de los hombres, despreciando el testimonio de la conciencia. Ni el orgullo es un vicio del que da el poder o del mismo poder, sino del alma que ama perversamente su poder, hasta despreciar poderes mayores y más justos. De este modo el que ama perversamente el bien de una cosa cualquiera, aunque lo obtenga, se hace a sí mismo malo con ese bien y al mismo tiempo miserable al privarse de un bien mejor (Lib. XII. 8).

5.- *"Fecerunt itaque ciuitates duas amores duo, terrenam scilicet amor sui usque ad contemptum dei, caelestem uero amor dei usque ad contemptum sui. Denique illa in se ipsa, haec in domino gloriatur. Illa enim quaerit ab hominibus gloriam; huic autem deus conscientiae testis maxima est gloria. Illa in gloria sua exaltat caput suum; haec dicit deo suo: gloria mea et exaltans caput meum. Illi in principibus eius uel in eis quas subiugat nationibus dominandi libido dominatur; in hac seruiunt inuicem in caritate et praepositi consulendo et subditi obtemperando. Illa in suis potentibus diligit uirtutem suam; haec dicit deo suo: diligam te, domine, uirtus mea".*

Dos amores fundaron, pues, dos ciudades, a saber, el amor a sí mismo hasta el desprecio de Dios; la terrena; y el amor a Dios hasta el desprecio de sí, la celestial. Una se gloria en sí misma, la otra en Dios. La una busca la gloria en los hombres, mientras la otra pone su máxima gloria en Dios, testigo de la conciencia. La una exalta su cabeza en gloria suya, la otra dice a su Dios: *Tú eres mi gloria y quien exalta mi cabeza.* Una, en sus jefes o en las naciones que somete, posee el afán de dominación, en tanto que en la otra sirven mutuamente en caridad tanto los gobernantes aconsejando, como los gobernados obedeciendo. Aquella en sus poderosos ama su propia fuerza, mientras ésta dice a su Dios: *te amaré Señor, que eres mi fuerza.* (Lib. XIV. 28).

6.- *"Una scilicet societas piorum hominum, altera inpiorum, singula quaeque cum angelis ad se pertinentibus, in quibus praecessit hac amor dei, hac amor sui".*

...Una es la sociedad de los hombres piadosos y otra la de los impíos, cada una con los ángeles que le corresponden, en los cuales precedió, sea el amor a Dios, sea el amor de sí mismo (Lib. XIV. 13).

7.- *"...Ipsius generis humani, quod in duo genera distribuimus, unum eorum, qui secundum hominem, alterum eorum, qui secundum deum uiuunt; quas etiam mystice appellamus ciuitates duas, hoc est duas societates hominum, quarum est una quae praedestinata est in aeternum regnare cum deo, altera aeternum supplicium subire cum diabolo".*

...Del mismo género humano, que hemos dividido en dos

grupos, uno el de aquellos que viven según el hombre y otro, el
de aquellos que viven según Dios. A los cuales llamamos místi-
camente dos ciudades, es decir, dos sociedades de hombres, de
las cuales una es la que está predestinada a reinar en la eternidad
con Dios y la otra a sufrir un suplicio eterno con el diablo (Lib.
XV. 1).

8.- *"Quarum illa, quae terrena est, fecit sibi quos uoluit uel unde-
cumque uel etiam ex hominibus falsos deos, quibus sacrificando seruiret;
illa autem, quae caelestis peregrinatur in terra, falsos deos non facit, sed
a uero deo ipsa fit, cuius uerum sacrificium ipsa sit. Ambae tamen tem-
poralibus uel bonis pariter utuntur uel malis pariter adfliguntur, diuersa
fide, diuersa spe, diuerso amore, donec ultimo iudicio separentur, et per-
cipiat unaquaeque suum finem, cuius nullus est finis".*

De ellas, la que es terrena se hizo dioses falsos a los que quiso,
tomándolos de cualquier cosa o incluso de los hombres, para ser-
virlos con sacrificios; la que es celestial, en cambio, peregrina en
la tierra, no hace falsos dioses, sino que ella misma ha sido hecha
por el Dios verdadero y es su verdadero sacrificio. Ambas usan
por igual de los bienes temporales o por igual son afligidas por los
males temporales, mas con diversa fe, diversa esperanza y diverso
amor, hasta que en el último Juicio sean separadas y se dé a cada
una su fin, que no tendrá fin (Lib. XVIII. 54).

9-*"Et hoc est terrenae proprium ciuitatis, deum uel deos colere, quibus adiuuantibus regnet in uictoriis et pace terrena, non caritate consu-
lendi, sed dominandi cupiditate. Boni quippe ad hoc utuntur mundo, ut
fruantur deo; mali autem contra, ut fruantur mundo, uti uolunt deo".*

Y esto es propio de la ciudad terrena: dar culto a Dios o a los
dioses para obtener con su ayuda victorias y paz terrena y (así)
dominar, no por razón de caridad sino por afán de dominación.
Los buenos usan del mundo para gozar de Dios, en tanto que los
malos, por el contrario, quieren usar a Dios para gozar del mundo... (Lib. XV. 7).

10-*"Haec ergo caelestis civitas dum peregrinatur in terra, ex omnibus gentibus cives evocat atque in omnibus linguis peregrinam colligit
societatem..."*

Por tanto, esta ciudad celestial, mientras peregrina en la tierra, convoca ciudadanos de entre todas las naciones y de entre todas las lenguas y forma una sociedad peregrinante... (Lib. XIX. 17).

11.- *"Meminerit sane in ipsis inimicis latere ciues futuros, ne infructuosum uel apud ipsos putet, quod, donec perueniat ad confessos, portat infensos; sicut ex illorum numero etiam dei ciuitas habet se cum, quamdiu peregrinatur in mundo, conexos communione sacramentorum, nec se cum futuros in aeterna sorte sanctorum, qui partim in occulto, partim in aperto sunt, qui etiam cum ipsis inimicis aduersus deum, cuius sacramentum gerunt, murmurare non dubitant, modo cum illis theatra, modo ecclesias nobis cum replentes. De correctione autem quorundam etiam talium multo minus est desperandum, si apud apertissimos aduersarios praedestinati amici latitant, adhuc ignoti etiam sibi. Perplexae quippe sunt istae duae ciuitates in hoc saeculo inuicemque permixtae, donec ultimo iudicio dirimantur..."*

Recuerda, pues (la ciudad de Dios) que entre sus mismos enemigos hay ocultos, futuros ciudadanos (suyos), para que mientras llegan a declararse (por tales), no repute infructuoso el soportar a los mismos como ofensores. Del mismo modo, la ciudad de Dios tiene consigo unidos en la comunión de los sacramentos, los que no tendrá consigo en la eterna suerte de los santos, los cuales en parte están ocultos y en parte manifiestos, como aquellos que con los mismos enemigos no dudan en murmurar contra Dios y que, ora llenan con ellos los teatros, ora con nosotros las iglesias. Mucho menos se debe desesperar de la enmienda de éstos, puesto que hasta entre los adversarios declarados hay amigos predestinados, aunque ellos mismos lo desconozcan todavía. Mezcladas y entrecruzadas están en este siglo las dos ciudades, hasta que sean separadas en el Juicio último (Lib. I. 35).

b. Joaquín de Fiore (c. 1130-1202)

Joaquín de Fiore es en muchos aspectos una figura contrapuesta a Agustín. Ante todo, se trata de un cisterciense, abad y fundador del monasterio y de la congregación de Fiore. Su mundo y su mentalidad son netamente monásticos, fundados en el *contemptus mundi* o desprecio de las cosas terrenales para dedicarse a las celestiales. En otras palabras, a diferencia de Agustín, no es un hombre que se labra una situación dentro del mundo de su época mediante su propio esfuerzo y competencia profesional.

Tampoco le tocó vivir, como Agustín, en medio de catástrofes, como las que marcan el fin de ese mundo antiguo que era el suyo. Por el contrario, Joaquín es una figura epigonal de la época de formación de Europa, la llamada edad de los señoríos y monasterios, en cuyo seno se produce la clericalización de la cultura literaria. Como monje ocupa un lugar definido de antemano hasta en sus pormenores por la regla monástica.

En el sosiego del claustro, es un hombre inquieto intelectualmente, dado a la especulación más que a la acción como Agustín. Vive en una época de plena expansión, en que junto con las primeras universidades, la cultura escrita se abre a los laicos y, con ello, se inicia el tránsito de la cultura predominantemente oral a otra, donde la cultura letrada cobra cada vez más peso. Expresión de ello es la significación del letrado laico, formado en las universidades, teólogo, filósofo, jurista, médico.

Será precisamente en este mundo erudito, donde Joaquín encontrará de siglo en siglo una posteridad intelectual casi inagotable. Sus obras capitales son la *Concordia Veteris et Novi Testamenti, Expositio super Apocalysim* y el *Psalterium decem chordarum*, escritas entre 1183 y 1185. Estos títulos, después de haber estado en el centro de las polémicas bajo-medievales, inspiraron, a lo largo de toda la Edad Moderna, los intentos sin cesar renovados, de imponer desde arriba a toda la población un rigor y una disciplina de indudable sabor monástico. Tal fue el caso de los puritanos y de la revolución inglesa en los siglos XVI y XVII, y luego de los racionalistas en los siglos XVIII y XIX que, con un fervor cuasirreligioso, acometieron la tarea de rehacer el mundo conforme a los dictados de la razón humana. Esta idea de partir de cero e inaugurar una edad definitiva de la historia de la humanidad, superior a todas las anteriores, fue el motor de la Revolución Francesa y de la Revolución Rusa, y animó las visiones racionalistas de la historia en el siglo XIX, todas ellas monocausales y basadas en el progreso indefinido de la humanidad. Tal es el caso de Hegel y sus derivados, Comte y Marx. De este modo, el abad de Fiore se convirtió en figura clave de la Modernidad, no menos que Agustín del Medioevo.

El cursus temporis

Como monje Joaquín fue un hombre de profunda religiosidad y de gran dedicación al estudio, principalmente de la Sagrada Escritura. Tuvo de ella un conocimiento nada de común. Pero sobre todo fue un hombre osado intelectualmente, convencido de tener la misión de preparar al mundo cristiano, para el vuelco radical que significaría su entrada en la edad final de la historia.

En otras palabras, Joaquín no se contentó con exponer, como Agustín, el origen, curso y meta de la historia. No consideró su trayectoria tan sólo en un sentido agonal, como una lucha, cuyas vicisitudes y desenlace están todavía por verse. Antes bien, se propuso desentrañar el *cursus temporis*, vale decir, la secuencia de los tiempos, desde el principio hasta el fin.

Para Joaquín, la clave de la comprensión de la historia es la Sagrada Escritura. Su punto de partida es la concordancia, *mira concordia*, entre el Antiguo y el Nuevo Testamento. Pone a la luz el significado histórico y místico de los personajes, los hechos y las figuras. Su originalidad radica en que no se limita a utilizar nociones en sí inmutables, como las dogmáticas y morales, sino que las combina con la historia. Establece así una original correlación entre Escrituras e Historia; un paralelismo numérico y también proporcional, entre personajes y acontecimientos de las dos épocas, de modo que se articulan entre sí y anticipan la tercera edad.

Interpreta, de esta suerte, los sucesos postbíblicos a la luz de los narrados en las Escrituras. Les atribuye un significado simbólico. En otras palabras, interpreta históricamente la revelación divina y la historia profana, a la luz de elementos de orden religioso. Refunde así la historia universal dentro de la historia sagrada, cuyo sentido cree hallar a través de un atento estudio de la Revelación divina. Tal es su doctrina del *Evangelio eterno,* que a él ha sido dado comprender y anunciar al mundo. Llega así a la conclusión de que el *cursus temporis* sigue una línea ascendente. Se reduce a una transición hacia estados cada vez más altos, de suerte que cada uno en su tiempo tiene su propia razón de ser y fundamento, pero caduca, en la medida en que se pasa al siguiente. Su propia época no es la última, sino el umbral de otra superior y definitiva, que está por advenir.

Al proceder de este modo, Joaquín se aparta del esquema de la Iglesia y de los autores anteriores. No distingue dos épocas, separadas entre sí por la obra salvadora de Cristo: Antiguo y Nuevo Testamento. Propone en cambio un esquema tripartito, que relaciona la historia de los hombres con el misterio de la Santísima Trinidad. Presenta cada edad como preparación para la siguiente, cuyo advenimiento la hace caducar. No se trata, pues, de una mera sucesión cronológica o temporal, sino de una escala ascendente o de perfeccionamiento de la humanidad. La primera edad corresponde al pasado y ya cumplió su objetivo. La segunda corresponde al presente y su razón de ser es preparar la tercera. Con su advenimiento, esta segunda edad, perderá, a su vez, toda vigencia. Así la historia culmina con la tercera edad. Es decir, la edad ideal y definitiva no está en el más allá y en la eternidad, sino en el más acá –en este mundo– y en el tiempo, en la historia.

En suma, para Joaquín, el presente, inaugurado por Cristo, no es, como sostiene la Iglesia, la etapa final de la historia, sino tan sólo una intermedia entre el Antiguo Testamento que pasó y la tercera edad que está por llegar.

Cada edad tiene un curso propio. En concreto distingue Joaquín tres períodos: *initium,* vale decir, incoación o comienzo; *fructificatio* o plenitud y *consumatio,* o sea, extinción u ocaso. De este modo, no hay entre las distintas épocas un corte abrupto o solución de continuidad. Antes bien, se sobreponen, porque antes de que una termine, está en marcha la siguiente.

Las tres edades

La primera edad es la del Padre. Se extiende desde Adán hasta Cristo. En ella prevalece el orden del matrimonio.

Instituido a imagen del Padre, con Adán, llega a su plenitud con Abraham y la alianza entre Dios y él. Abraham es el *dux* o prototipo de esta edad, el patriarca: padre y sacerdote a la vez. Esta edad es gobernada por la laboriosidad y el trabajo. Se vive bajo la ley. Reina el temor de Dios, temor servil, propio de esclavos.

La segunda edad es la del Hijo. Comienza durante la primera, con el rey Aseas (732-724 a.C.) quien, no obstante pertenecer a la tribu de Judá y no a la sacerdotal de Leví, ofreció sacrificios a Dios. La plenitud de esta etapa llega con Cristo, quien es verdaderamente rey-sacerdote y, como tal, su prototipo o *dux.* A imagen suya se instituyó la orden de los clérigos, gobernada por el estudio y la disciplina, que prevalece en esta edad.

La venida de Cristo fue anunciada por profeta Eliseo (s. IX a.C.) y su presencia señalada por Juan el Bautista. En esta etapa se vive bajo la gracia, que permite liberarse del pecado. Reina pues, un espíritu de servicio filial a Dios.

De un modo similar, la tercera edad, del Espíritu Santo, comenzó en el curso de la segunda con San Benito (c. 480-547) y durará hasta el fin del mundo. En ella prevalece el orden de los monjes, que viven según su propia regla, "a la cual el Espíritu Santo ha conferido una perfecta autoridad". Ellos están gobernados por la contemplación y la alabanza.

De alguna manera esta orden fue iniciada por Eliseo, cuyo Espíritu se transfirió a San Benito, "como lo prueba la semejanza del tiempo y la perfección de vida". Sin embargo, esta edad no ha llegado aún a su plenitud, que está próxima, al verificarse la aparición de su *dux* o prototipo. Puede estimarse que esto sucederá alrededor de 1260, es decir, aproximadamente siete siglos después de su iniciador San Benito, el tiempo que Aseas antecedió a Cristo. La presencia del *dux* será señalada por Elías, como Juan el Bautista –el nuevo Elías– lo hizo con Cristo. Esta tercera edad será la de la gracia más perfecta o del amor. La Iglesia dejará de ser una jerarquía clerical mundana y se transformará en una comunidad monástica de santos que, mediante un esfuerzo último y definitivo, sanará al mundo en descomposición. El hombre se comunicará pues, directamente con Dios, sin mediación de una Iglesia visible, con sacramentos y jerarquía y demás. La servidumbre dejará paso a la libertad, a la plena libertad del Espíritu.

El reino de Dios en la tierra

Para quien albergue dudas acerca del poder de las ideas y, en concreto, de un intento de articular de modo inteligible la historia humana, el caso de Joaquín es desconcertante. Muestra hasta qué punto la visión que se tiene del pasado puede condicionar la propia actitud frente al futuro.

La substitución del binomio pasado-presente por un *cursus temporis* articulado en tres edades, entraña un vuelco radical en el modo de concebir la propia situación dentro de la historia y, por tanto, abre paso a nuevas actitudes y nuevas formas de actuación.

El reino de Dios, prometido por Él para el más allá y para la eternidad, se traspone al más acá –a este mundo– y a la historia humana –al tiempo–. Se transforma así en una suerte de edad ideal en la tierra o de paraíso en este mundo, alcanzable por las fuerzas humanas. Aunque Joaquín no emplee la palabra, concibe la historia humana como progreso, desde unos orígenes imperfectos, hasta un pináculo que está por venir.

Ahora bien, en nombre de esta felicidad que él mismo puede conquistar, el hombre podrá exigir cualquier cosa del hombre. Si esa edad futura será necesariamente la mejor y la más perfecta, el mundo actual no tiene nada valedero que oponer a ella. Su única razón de ser es contribuir a su advenimiento, por tanto, todo puede y debe ser sacrificado a este ideal.

Se proclama así, una supremacía absoluta e inexorable de lo futuro sobre lo presente, que puede llevar a sacrificar lo actual y tangible –con sus inevitables limitaciones y defectos– en nombre del ideal porvenir –exaltado como perfección y plenitud–.

Esta actitud mental que gira a cuenta del futuro, echó raíces en la Europa y la América de las luces, a partir del siglo XVIII. Esta es la raíz del racionalismo y su creencia en el progreso indefinido, y de la modernización impuesta desde arriba, desde las minorías ilustradas del siglo XVIII hasta las *nomenklaturas* partidistas del siglo XX. Al cabo de dos siglos, esta actitud acaba de derrumbarse por sí misma, como la propia modernidad racionalista. Entró en crisis con las guerras mundiales y terminó de desvanecerse con la caída de la Unión Soviética.

Joaquín ve reflejarse el dinamismo trinitario de la vida divina en la evolución de la historia, dividida en tres edades, en correspondencia a las tres personas divinas. Significativa es la clasificación que da Joaquín, a tres edades, respectivamente, como tiempo de la ley, tiempo de la gracia y tiempo de la gracia más abundante o del amor. En esta triple división histórica queda salvaguardada la fe tradicional en los dos testamentos, pues se excluye un improbable tercer pacto. Pero en la concepción joaquinista, hay una progresión cualitativa de la economía religiosa, fruto de progresivas dispensaciones de Dios en la vida e historia humana. Se pasa, en efecto, de la ley del Antiguo Testamento a la gracia del segundo período histórico. Esta gracia sería más abundante en la tercera edad para la plena realización del mensaje cristiano.

1.- "Tres son, por lo tanto, los estados del mundo que, como ya hemos escrito en esta obra, nos señalan las letras divinas. El primero es aquel en el cual se ha vivido bajo la ley; el segundo es aquel en cual vivimos bajo la gracia; el tercero, cuya venida está próxima, en el cual viviremos bajo la gracia más perfecta. Por lo tanto, el primero se ha desarrollado bajo el dominio de la ciencia, el segundo transcurre bajo el de la sabiduría, y el tercero se desenvolverá en la plenitud de la comprensión. El primero transcurrió en la esclavitud, el segundo se caracteriza por una servidumbre filial y el tercero se desarrollará en nombre de la libertad. El primero es marcado por la penitencia, el segundo por la acción y el tercero por la contemplación. El primero tiene el sello del temor, el segundo el de la fe y el tercero el de la caridad. El primer período es el de los esclavos, el segundo es aquel de los hijos y el tercero, el de los amigos. El primer tiempo es el de los viejos, el segundo el de los jóvenes y el tercero el de los niños. El primero fue iluminado por la luz de las estrellas, el segundo por el de la aurora, y el tercero resplandecerá bajo la plena luz del día. El primero corresponde al invierno, el segundo al inicio de la primavera y el tercero al verano. El primero ha producido ortigas, el segundo rosas, y en el tercero florecerán los lirios. El primero ha dado la hierba, el segundo la espiga y el tercero dará el grano. El primero procuró agua, el segundo el vino y el tercero procurará el aceite.

El primer período corresponde al transcurso de septuagésima (70 días antes de Pascua de Resurrección), el segundo a la cuaresma y el tercero a las fiestas pascuales. El primer estado pertenece, por lo tanto, al Padre, que es creador de todas las cosas. El segundo, al Hijo, que se dignó a compartir nuestro barro y el tercero, al Espíritu Santo, del cual dice el Apóstol, "allí donde está el Espíritu del Señor, allí está la libertad".

Concordia, f. 112.

2.- "El primero de estos estados, de los cuales hablamos, se manifestó en el tiempo de la ley, cuando el pueblo del Señor, aún relativamente inmaduro, vivía en condiciones de esclavitud, bajo los elementos de este mundo, no teniendo capacidad de conseguir la libertad del espíritu sino hasta que vino Aquél que dijo: "Si el Hijo os ha liberado seréis verdaderamente libres".

El segundo estado es aquel iniciado bajo el Evangelio y que aún perdura en libertad ciertamente con respecto al pasado, pero no en libertad respecto al futuro. Dice en efecto el Apóstol: "actualmente, en parte conocemos y en parte profetizaremos, pero cuando venga lo que es perfecto, desaparecerá lo que es parcial", y en otra parte: "El Señor es Espíritu, y donde está el Espíritu del Señor ahí está la libertad".

El tercer estado tendrá inicio hacia el fin del mundo; y no sólo bajo el velo de la ley, sino en plena libertad del Espíritu, cuando evacuado y destruido el pseudo-evangelio del hijo de la perdición y sus profetas, aquellos que educaren al pueblo en la justicia serán como el esplendor del firmamento y brillarán como estrellas por toda la eternidad.

El primer estado que surge en el tiempo de la ley y de la circuncisión, tiene su origen en Adán. El segundo tiene su esplendor en el Evangelio y sus inicios en Aseas. El tercero es el tiempo de San Benito, cuyo máximo esplendor se ha de esperar hacia el fin del mundo, es decir, al tiempo en que se revelará Elías y el pueblo infiel de los judíos se convertirá al Señor. En relación a este tiempo, el Espíritu Santo parece gritar a toda voz en las Escrituras: "El Padre y el Hijo han obrado hasta ahora; y también obro Yo".

Como, en efecto, la palabra del Antiguo Testamento, por una cierta atribución simbólica, parece estar relacionada con el Padre, y la palabra del Nuevo Testamento, con el Hijo, de esta manera la inteligencia intelectual que procede de uno y otro, pertenece al Espíritu Santo.

Y aún así, como la orden del matrimonio, que brilla en el primer período, en virtud de una similitud, parece pertenecer al Padre, la orden de los predicadores, cuyo esplendor es manifestado en el segundo período, pertenece al Hijo. De este modo, la orden

37

de los monjes, a la que le fue asignado el gran período final, pertenece al Espíritu Santo. Sobre esta base, el primer estado se atribuye al Padre, el segundo al Hijo, y el tercero al Espíritu Santo, aunque, considerando el problema desde una perspectiva diversa, el estado del mundo debería ser llamado uno, uno el pueblo de los elegidos y cada cosa sea al mismo tiempo del Padre, del Hijo y del Espíritu Santo".

Expositio, f.5.

B. *Las tres órdenes y la idea de preeminencia*

En correlación con las tres edades concebidas a partir de la vida interna de Dios (*opera ad intra*), se disponen las tres órdenes: el del matrimonio, del clero y de los monjes, que propiamente marcan una escala de religiosidad de vida, extendida a toda la comunidad cristiana, con la posibilidad de ascender de un grado a otro.

3.- "Del modo que los mismos cambios de los tiempos y de las actividades certifican que son tres los estados del mundo, aunque se diga que sólo uno es este mundo actual, así también sabemos claramente que son tres las órdenes de los elegidos, aunque sea uno sólo el pueblo de Dios y una sola la plebe, tanto basado en la autoridad de los Santos Padres, como en la evidencia misma de las cosas. El primero es el del matrimonio, el segundo es el de los clérigos y el tercero el de los monjes. El orden de los cónyuges se inicia con Adán y comienza a fructificar a partir de Abraham. El orden de los clérigos fue iniciado por Aseas, que siendo de la tribu de Judá, ofreció incienso al Señor, aunque no impunemente, y comenzó a dar sus frutos después de Cristo, que es el verdadero rey y sacerdote. El orden de los monjes, según una regla propia, a la cual el Espíritu Santo confiere una perfecta autoridad, comenzó con San Benito, hombre insigne a causa de sus milagros, obra y santidad, y sus frutos se obtendrán en el período final. Ciertamente, hubo monjes y monjas bastante insignes antes que él, pero es necesario saber que el orden mismo, según su propia forma, comenzó con San Benito. En cierto sentido, fue iniciado con el profeta Elías, cuyo espíritu, como es sabido, se trasladó a San Benito, según lo atestiguan la semejanza de los tiempos y la perfección de la vida".

Concordia, f. 68.

38

4.- "El primer orden, el del matrimonio, fue creado a imagen del Padre. El segundo, de los clérigos, fue constituido a imagen del Hijo. El tercero, de los monjes, a imagen y semejanza del Espíritu Santo. En realidad, el orden del matrimonio no procede de otro orden y fue instituido para la procreación de los hijos. El orden de los clérigos no se propaga por sí mismo, sino sólo por el del matrimonio, según el origen carnal. No fue creado para procrear hijos carnales, sino bien para predicar la palabra de Dios, como el mismo Cristo, a imagen del cual fue instituido. El orden de los monjes derivó de ambos, porque sucede que algunos cónyuges, si lo acuerdan entre sí, son acogidos en la vida monástica y mucho más fácilmente sucede esto con los clérigos".

Expositio, f. 18.

a. Jacques Bossuet (1627-1704)

Visión dramática de la historia

SEGUNDA PARTE

MODERNIDAD BARROCA: VISIONES MULTICAUSALES

Vivió en el llamado "siglo de Luis XIV", época de grandeza, estabilidad y solidez en la que Francia ocupa un lugar preponderante en Europa. Es un exponente de la sociedad estamental. Proviene de una estirpe provinciana, trabajadora, católica y monárquica, que destaca por su laboriosidad y gracias a ella supo elevarse con los siglos hasta la nobleza. Célebre como orador sagrado, fue encargado en 1670 de la educación del Delfín, heredero del trono. Para él compuso el *Discours sur l'histoire universelle*.

En este opúsculo, luego de tratar de las épocas históricas, compara la trayectoria de los imperios con la de la religión (pueblo judío e Iglesia Católica) y observa que los mismos hechos que han provocado la ruina de los primeros no han alterado a la segunda. A la luz de estas disparidades concluye que los hombres, incluso los príncipes, son señores de sus actos, pero no de las circunstancias y consecuencias de ellos, a través de las cuales la Providencia Divina concurre a regir la historia.

Según él, estas dos fuerzas contrapuestas se conocen con seguridad, aunque no se sepa como se concilian entre sí. En su *Tratado del libre arbitrio* explica: "la primera regla (…) es que jamás se deben abandonar las verdades una vez conocidas aun cuando sobrevenga una necesidad al quererlas conciliar entre sí. Por el contrario, hay que sujetar firmemente, por así decirlo, los dos extremos de la cadena aun cuando no lleguemos a ver lo que hay en el medio, el punto donde se produce el enlace entre uno y otro". Por su enfoque, su método y su forma de tratar el tema, atención a los sucesos mismos para fundamentar en ellos las conclusiones, el *Discurso* es una obra moderna; la primera filosofía de la historia propiamente tal.

1.- "Este modo de historia universal es, respecto de las historias de cada religión y de cada pueblo lo que un mapa general respecto de los mapas particulares… Así las historias particulares representan la trayectoria de las cosas que han ocurrido a un pueblo en todo su detalle; pero, para entenderlo todo, es preciso conocer la relación que cada historia puede tener con las otras. Lo que se consigue por medio de un resumen en el que se abarque, como en una sola mirada, todo el orden del tiempo.

Tal resumen os propone, Monseñor, un gran espectáculo. Veis desenvolverse, por así decirlo, en pocas horas, todos los siglos precedentes; veis cómo los imperios se suceden unos a otros y cómo la religión, en sus diferentes etapas (estados), se sostiene idéntica desde el comienzo del mundo hasta nuestros días".

2.- "(Alejandro)...después de haber subyugado con una prontitud increíble todas las tierras de la dominación persa, para asegurar por todos los costados su nuevo imperio, o mejor, para contentar su ambición y hacer más famoso su nombre que el de Darío, entró en la India donde llevó sus conquistas más allá que este célebre vencedor... Pero este imperio formidable que había conquistado no duró más tiempo que su vida, que fue corta. A la edad de treinta y tres años; en medio de los más vastos designios que un hombre haya concebido jamás y con las más justas esperanzas de una feliz realización, murió sin haber tenido tiempo de establecer sólidamente sus asuntos. La Macedonia, su antiguo reino, poseído por sus antepasados por tantos siglos, fue invadida por todos lados como una herencia vacante... Así este gran conquistador, el más nombrado y el más ilustre que haya existido, fue el último rey de su estirpe. Su muerte fue la causa de esta gran revolución; porque es necesario decir para gloria suya que, si alguna vez un hombre ha sido capaz de sustentar un imperio tan vasto, aunque de reciente adquisición, éste fue Alejandro, ya que no tenía menos genio que arrojo... Sea como fuere, vemos por su ejemplo que, sin contar las faltas que los hombres podrían corregir, es decir aquellas que cometen por atolondramiento o por ignorancia, hay una irremediable debilidad inseparablemente unida a los designios humanos, es la mortalidad. Todo puede caer en un momento por este lado: lo que nos fuerza a reconocer que el vicio más inherente, si puedo hablar así, y más inseparable de las cosas humanas es su caducidad...".

3ª parte, Capítulo IV

3.- "¿Qué hay más maravilloso que verla (a la religión judía y católica) subsistir siempre los mismos fundamentos desde los comienzos del mundo, sin que la idolatría y la impiedad que la rodeaban por todas partes, ni los tiranos que la han perseguido, ni los herejes y los infieles que han tratado de corromperla, ni los cobardes que la traicionaron, ni sus seguidores indignos que la han deshonrado con sus crímenes, ni finalmente todas las cosas humanas, jamás hayan sido capaces, no digo de extinguirla, sino de alterarla?".

2ª parte, Capítulo I

4.- "Esta Iglesia, atacada y jamás vencida, es un milagro perpe-

tuo y un testimonio brillante de inmutabilidad de los consejos de
Dios. En medio de la agitación de las cosas humanas, se sostiene
siempre con una fuerza invencible; de tal manera que, por una sucesión no interrumpida desde cerca de diecisiete cientos de años,
la vemos remontarse hasta Jesucristo, en el cual recogió la sucesión del antiguo pueblo y se encuentra reunido a los profetas y a
los patriarcas".

2ª parte, Capítulo XXVII

5.- "Así la sociedad que Jesucristo, esperado durante todos los siglos pasados, fundó finalmente sobre la piedra y donde San Pedro
y sus sucesores deben presidir por sus órdenes, se justifica a sí
misma por su propia trayectoria y lleva en su eterna duración el
carácter de la mano de Dios.

Es también ésta una sucesión que ninguna herejía, ninguna
secta, ninguna sociedad fuera de la Iglesia de Dios, ha podido
darse. Las falsas religiones han podido imitar a la Iglesia en muchas cosas, y sobre todo la imitan diciendo, como ella, que es Dios
quien las ha fundado; pero este discurso en su boca, no es sino un
discurso en el aire. Porque, si Dios ha creado al género humano;
si creándolo a su imagen, nunca ha desdeñado enseñarle el medio
para servirle y para agradarle, toda secta que no muestre su sucesión desde el origen del mundo, no es de Dios.

2ª parte, Capítulo XXXI

6.- "Si nuestro espíritu naturalmente incierto y convertido por
nuestras incertidumbres en juguete de sus propios razonamientos,
tiene necesidad, en las cuestiones de las cuales está comprometi-
da la salvación, de ser fijado y determinado por alguna autoridad
cierta: ¿qué autoridad más grande que la de la Iglesia Católica que
reúne en ella misma toda la autoridad de los siglos pasados y las
antiguas tradiciones del género humano desde su primer origen?".

2ª parte, Capítulo XXI

7.- "Porque este mismo Dios que ha hecho el encadenamiento del
universo y que, todopoderoso por Sí mismo, ha querido, para establecer el orden, que las partes de un tan gran todo dependiesen
las unas de las otras; este mismo Dios ha querido que el curso de

las cosas humanas tuviera su trayectoria y sus proporciones: es decir los hombres y las naciones han tenido cualidades proporcionadas a la elevación para la cual estaban destinadas y, salvo ciertos golpes extraordinarios en los cuales Dios quería que apareciere solamente su mano, no ha habido gran cambio que no tenga sus causas en los siglos precedentes.

Y como en todos los asuntos hay lo que los prepara, lo que determina a emprenderlos y lo que los hace triunfar, la verdadera ciencia de la historia consiste en hacer notar en cada tiempo las secretas disposiciones que han preparado los grandes cambios y las coyunturas importantes que los hacen ocurrir, modos de vida o, para decirlo en una palabra, el carácter tanto de los pueblos dominantes en general como de los príncipes en particular, y finalmente de todos los hombres extraordinarios que, por la importancia del personaje, han contribuido bien o mal al cambio de los estados y de la fortuna pública".

3ª parte, Capítulo II

8.- "Dios desde lo más alto de los cielos, sostiene las riendas de todos los reinos, tiene en su mano todos los corazones; ora retiene las pasiones ora les afloja las bridas; y así remueve a todo género humano. Quiere hacer conquistadores, hace marchar el espanto delante de ellos e inspira a aquellos y a sus soldados una osadía invencible. Quiere hacer legisladores, les envía su espíritu de prudencia y de previsión, les hace prevenir los males que amenazan a los estados o poner los fundamentos de la tranquilidad pública... Dios ejerce por este medio sus temibles juicios según las reglas de la justicia, siempre infalible. Es él quien prepara los efectos en las causas más alejadas y quien da golpes tan grandes que su contragolpe va tan lejos. Cuando Él quiere abandonar al último y derrocar los imperios, todo es débil e irregular en los consejos...

Es así como Dios reina sobre los pueblos. No hablemos más de azar ni de fortuna, o hablemos de ello tan sólo como de un nombre con el cual cubrimos nuestra ignorancia. Lo que es azar en razón con nuestros inciertos consejos es un designio concertado en un consejo más alto, es decir, en aquel consejo eterno que encierra todas las causas y todos los efectos en un mismo orden. De esta manera todo concurre a un mismo fin, y es a causa de nuestra falta de comprensión del todo, que nosotros encontramos azar o irregularidad en las relaciones particulares. Por esto todos los que gobiernan se sienten sujetos a una fuerza mayor. Hacen más o menos cosas que no han pensado y sus decisiones jamás dejan de tener efectos imprevistos. Ni son dueños de las disposiciones que los siglos pasados han dejado en las cosas ni pueden prever el curso que tomará el porvenir, ni aún menos lo pueden forzar. Sólo tiene todo en su mano Aquél que sabe el nombre de lo que es y de lo que no es todavía y que preside todos los tiempos y previene todas las decisiones.

En una palabra, no hay potencia humana que no sirva, a pesar suyo, a otros designios que los suyos propios. Sólo Dios sabe reducir todo a su voluntad. Por esto, todo es sorprendente si no se miran más que las causas particulares, y sin embargo, todo avanza con una trayectoria reglada".

b. Juan Bautista Vico (1668-1743)

Visión cíclica de la historia

Desafortunado, vivió en medio de estrechez y amarguras. Fue fundamentalmente un hombre de estudio. Su obra permaneció inadvertida a sus contemporáneos. Una generación posterior a Bossuet, se enfrenta al racionalismo naciente. El renacimiento y la reforma objetaron la validez del pensamiento científico, filosófico y teológico medieval. Con Bacon (1561-1626) –método experimental– y con Descartes (1596-1650) –duda metódica– aparece la preocupación de elaborar un saber seguro sin riesgos de error. Surge así el racionalismo, que sólo acepta lo que la razón puede explicar por sí misma. Prescinde o niega lo incomprensible, sea por estar al margen de ella, como las tradiciones, sea por estar encima de ella como la Revelación. Su ideal es el pensamiento *more geometrico* que tiene su expresión en las ideas claras y distintas de Descartes. Vico se opone a extender estos métodos al mundo de la historia y propone una ciencia nueva, basada en los *probabilia* y *verosimilia* propios de lo humano, frente a las ciencias experimentales. Reivindica el lugar de las ciencias humanas o humanidades y dentro de ellas, el de su ciencia nueva. El método para abordar lo humano –la moral, la política, la historia, etc.– es la tópica. Sobre esta base Vico intenta la primera explicación propiamente histórica de la historia universal. Católico al igual que Descartes, como él, no niega la fe, pero construye su sistema sobre la base de la observación de los hechos; muestra cómo con sus costumbres, y de qué manera los pueblos labran su prosperidad o su ruina.

Parte por contraponer el mundo de la naturaleza (creado por Dios) y el de la historia (hecho por los hombres) y busca las leyes propias de este último. Para ello se basa principalmente en la historia romana y judía, que eran entonces las mejor conocidas. Considera a las naciones como sujetos de la historia. Tal es el sentido de la *Scienza Nuova d'intorno alla comune natura delle nazioni* (tres ediciones: 1725, 1730, y póstuma en 1744) que da título a su obra y que entendió como una "teología civil razonada de la Providencia en la historia".

En ella el papel de la Providencia queda reducido a establecer el *corsi*, sucesión de épocas –divina, heroica y humana– por la cual conduce a las naciones al ideal de humanidad. Este *corsi* se repite indefinidamente (*ricorsi*).

El ciclo histórico tiene, así, forma de espiral. Se abre con la superación del estado ferino o bestial –en que los hombres viven como fieras, desligados de Dios y de sus semejantes–. Esta superación se opera mediante la invención de una religión, en la cual se fundan el matrimonio y la inhumación. Con ello principia la vida social que descansa en los vínculos permanentes con una divinidad, con una mujer (monogamia) y entre las generaciones. Cada época presenta una forma de lenguaje, de comunidad y de derecho propio. El paso de una a otra es provocado por el deseo de igualar a los poderosos o de imponerse a los iguales. De esta suerte llega un momento en que cada cual busca sólo su propia utilidad, entonces se pierde la religión en los pueblos y desaparece la vida social, con lo que se recae en el estado bestial.

En suma, esta demostración racional de la Providencia desemboca en un determinismo, en un proceso histórico rígido, con etapas prefijadas que siguen una escala progresiva, pero que tiene un carácter cíclico.

Vico fue el primero en hacer notar la conexión entre las distintas formas culturales de cada época: lenguaje, comunidad, derecho. Con ello anticipó enfoques postmodernos. A fuer de antimoderno, viene a coincidir con los postmodernos. No por eso deja de anunciar los posteriores sistemas racionalistas de la historia universal –Hegel, Comte, Marx, Spengler–, también deterministas, con sujeto impersonal de la historia y con un ciclo cerrado de etapas, que salvo Spengler, se suceden de menos a más perfectas.

TEXTOS

> 1.- "...Este mundo civil ha sido hecho, ciertamente, por los hombres; por esto pueden (porque deben) encontrarse los principios dentro de las modificaciones de nuestra propia mente humana. El siguiente hecho debe llenar de asombro a todo quien reflexione sobre él: todos los filósofos se han esforzado seriamente por conquistar la ciencia del mundo de la naturaleza que sólo puede ser conocido por Dios, ya que Él lo ha hecho; en cambio, se han descuidado en meditar sobre el mundo de las naciones, o sea, el mundo civil e histórico, que puede ser conocido por los hombres, porque ellos lo han hecho".

Del estado ferino al histórico

VÍNCULOS PERMANENTES CON LA DIVINIDAD, LA MUJER Y ENTRE LAS GENERACIONES

> 2.- "Ahora bien, puesto que el mundo de las naciones ha sido creado por los hombres, veamos en cuáles cosas los hombres han coincidido en todos los tiempos y aún coinciden, pues tales cosas pueden darnos los principios universales y eternos que necesita toda Ciencia y según las cuales se han formado y se conservan todas las naciones.
>
> Observemos todas las naciones, tanto bárbaras como civilizadas, separadas por inmensos espacios de lugar y tiempo, fundadas de distinta manera: todas ellas guardan las siguientes tres costumbres humanas: todas tienen alguna religión; todas contraen matrimonio de un modo solemne; todas entierran a sus muertos; y aun entre las naciones más salvajes y... no hay ninguna acción humana que se celebre con más selectas ceremonias y más sagrada

solemnidad que los cultos religiosos, los matrimonios y las sepulturas. Pues, en virtud del axioma (13), que 'cuando nacen ideas uniformes en pueblos que no se conocen entre ellos, debe haber un motivo común de verdad', debe regir para todos el siguiente dictado: que de estas tres cosas comenzó en todos la humanidad y que por esto deben ser guardados por todos, de la manera más sagrada, para que el mundo no se torne salvaje nuevamente ni vuelva al estado de la selva primitiva. Por esto hemos tomado estas tres costumbres eternas y universales por los tres primeros principios de esta Ciencia".

3.- "Así, pues, debe ser nuestra Ciencia una demostración, por así decir; de la Providencia como hecho histórico, porque debe ser una historia de las órdenes que aquella, sin ningún consentimiento o consejo humano y frecuentemente contra los propios propósitos de los hombres, ha dado a la gran ciudad del género humano; pues, aunque este mundo haya sido creado en el tiempo y como algo particular, las órdenes que la Providencia ha puesto en él son universales y eternas".

4.- "Por tanto, rige en esta Ciencia la siguiente especie de prueba: que las cosas de las naciones debieron, deben y deberán suceder, tal como se razona en esta Ciencia, una vez que tales órdenes han sido establecidas por la Providencia Divina, aunque ocurriese que desde la Eternidad naciesen, de tiempo en tiempo, mundos infinitos, lo que ciertamente es falso de hecho.

Por consiguiente, nuestra Ciencia llega a describir una historia ideal eterna, según la cual transcurren en el tiempo finito las historias de todas las naciones en su surgimiento, progreso, estado, decadencia y fin, y aún podemos afirmar –puesto que este mundo de las naciones ha sido ciertamente hecho por los hombres y, por tanto, debe encontrar su modo dentro de las modificaciones de nuestra misma mente humana– que, quien medita sobre esta Ciencia, se narra a sí mismo esta historia ideal eterna en cuanto se atenga a aquella prueba: debió, debe, deberá. Pues si es cierto que el que mejor narra las cosas es el mismo que las ha hecho, no puede haber historia más segura. De esta manera, nuestra Ciencia procede exactamente como la geometría que crea ella misma el mundo de magnitudes, construyéndolo sobre elementos o contemplándolo en ellos; mas, nuestra Ciencia procede con tanto mayor realidad, cuanto que los ordenamientos respecto de los negocios humanos son más reales que los puntos, líneas, superficies y figuras".

5.- "Concluimos todo lo que hemos dicho en general sobre el establecimiento de los principios de esta Ciencia con lo siguiente: en vista de que sus principios son la Providencia Divina, la moderación de las pasiones por los matrimonios y la inmortalidad del alma, con las sepulturas; y en vista de que el criterio que ella emplea es que aquello que es considerado justo por todos, por la mayor parte de los hombres debe ser la regla de la vida social (principios y criterios sobre los cuales coinciden la sabiduría popular de todos los legisladores y la sabiduría culta de los más célebres filósofos), deben ser éstos los límites de la razón humana, y quien quiera sustraerse a ellos, debe tener cuidado en no sustraerse a toda la humanidad".

6.- "Por ende, establecemos que el hombre en el estado bestial sólo ama su propia salvación; cuando ha tomado una mujer y ha procreado hijos, ama su propia salud, junto con la salud de las familias; incorporados a la vida civil, ama la propia salud, conjuntamente con la de la comunidad; habiendo extendido los imperios sobre varios pueblos, ama su propia salud conjuntamente con la de las naciones; habiendo unido a las naciones a través de guerras, tratados de paz, alianzas y comercios, ama su propia salud conjuntamente con la de todo el género humano; en todas estas circunstancias, el hombre ama principalmente la utilidad propia. Por eso, debe ser mantenido por la Providencia Divina, dentro de estos órdenes, con el fin de celebrar con justicia la sociedad familiar, la civil, y finalmente, la humana por estos órdenes, el hombre, no pudiendo conseguir lo que quiere, al menos quiere conseguir lo que preste utilidad, y esto es lo que se llama 'justo'. Por donde, lo que regula cuanto es justo entre los hombres, es la justicia divina, la cual nos está dada por la Providencia Divina para conservar la sociedad humana.

Esta Ciencia, según uno de sus principales aspectos, debe ser tanto una teología civil razonada de la Providencia Divina en la historia, que parece haber faltado hasta ahora".

Las tres edades

7.- "...El curso que siguen las naciones, procediendo con constante uniformidad en todas sus variadas y diversas costumbres, según la división de las tres edades de los egipcios: las edades de los dioses, de los héroes y de los hombres; pues, según esta división vemos desarrollarse las naciones en su orden constante y jamás interrumpido de causas y efectos; y este orden se realiza a través de tres especies de naturalezas; de ellas salen tres especies de costumbres, de éstas se observan tres especies de derecho natural; de este derecho resultan tres especies de estados civiles o repúblicas; y para que los hombres que han alcanzado la sociedad humana puedan comunicarse mutuamente estas tres especies de cosas máximas, formáronse tres especies de lenguas y otros tantos caracteres; y para justificarla, tres especies de jurisprudencia, apoyadas por tres especies de autoridad y de doctrina jurídica, en tres especies de tribunales. Estas jurisprudencias corresponden a tres tipos de períodos de tiempo del curso de la vida de las naciones. Estos grupos de tres unidades especiales tienen todos su raíz en una unidad general que es la unidad de la religión de una Divinidad Providente; y ella es la unidad espiritual que forma y da vida a este mundo de las naciones".

8.- "De este modo, la Nueva Ciencia, o sea, la metafísica, contemplando a la luz de la Providencia Divina, la común naturaleza de las naciones, habiendo descubierto tales orígenes de las cosas divinas y humanas entre las naciones gentílicas, crea un sistema del derecho natural de las gentes que avanza con suma igualdad y constancia a través de las tres edades que, según los egipcios, han transcurrido por todo el tiempo del mundo anterior a ellos: la edad de los dioses, durante la cual los hombres gentiles creyeron vivir bajo el gobierno divino y que todas las cosas les eran ordenadas por medio de los auspicios y los oráculos, que son las cosas más antiguas de la historia profana; la edad de los héroes, durante la cual éstos gobernaban por todas partes en repúblicas aristocráticas, en virtud de una naturaleza que ellos creían diferente y superior a la de los plebeyos; y, finalmente la edad de los hombres, durante la cual todos se reconocieron iguales en su naturaleza humana y, por consiguiente, se formaron primero las repúblicas populares y finalmente las monarquías, las cuales son las dos formas de gobierno humanas, como se ha dicho antes.

Correspondientemente a estas tres formas de naturaleza y gobiernos, se hablaron tres especies de lenguas que componen el vocabulario de esta Ciencia: la primera, en el tiempo de las familias, cuando los hombres gentiles recién habían sido introducidos en la humanidad; ella fue una lengua muda, por medio de señas y cuerpos que tenían una natural relación con la idea que deseaban expresar; la segunda, se habló por medio de emblemas heroicos, o sea, de semejanzas, comparaciones, imágenes, metáforas y descripciones naturales que forman la mayor parte de la lengua heroica que fue hablada durante el tiempo que reinaron los héroes; la tercera, fue la lengua humana formada por las palabras convenidas por los pueblos sobre la cual los pueblos son señores absolutos; es propia de las repúblicas populares y de los estados monárquicos, de modo que los pueblos dan el sentido a las leyes bajo las cuales deben vivir los nobles conjuntamente con la plebe; por esto, en todas las naciones en que las leyes fueron vertidas a la lengua vulgar, la Ciencia de las leyes escapó de las manos de los nobles, mientras que antes los nobles conservaban las leyes como una cosa sagrada en una lengua secreta y eran en todas partes, sacerdotes; y esta es la razón natural del arcano de las leyes entre los patricios romanos hasta que surgió la libertad popular".

9.- "Conjuntamente con estas tres lenguas –propias de las tres edades en que reinaron tres especies de gobiernos, correspondientes a tres especies de formas de sociedad que cambian en el curso del desarrollo de las naciones– se desarrolla, en el mismo orden, una jurisprudencia correspondiente, a cada una en su tiempo.

La primera de éstas es la teología mítica que estuvo vigente en el tiempo en que los dioses mandaban a los gentiles; sus sabios fueron los poetas teólogos (que, según se dice, han fundado a la humanidad gentil) que interpretaban los oráculos los cuales daban a las naciones sus respuestas en verso".

10.- "La segunda jurisprudencia heroica, basada enteramente en la escrupulosa observancia de las palabras (como se encuentra en el prudente Ulises) lo que por fin aquello que los juristas romanos llamaban *aequitas civilis* y lo que nosotros llamamos 'razón de Estado', por la cual los hombres, con sus cortas ideas, estimaron que les pertenecía por naturaleza este derecho en cuanto y en la manera que estuviese explicado con palabras; así como todavía se puede observar entre los campesinos y otros hombres rudos, los cuales estando en pugna las palabras y los sentidos, obstinadamente dicen que para ello se encuentra la razón en las palabras".

11.- "La última jurisprudencia fue la de la equidad natural que reina naturalmente en las repúblicas libres donde los pueblos, por el bien particular de cada uno (bien que, sin que ellos mismos lo entiendan, es igual para todos), están dispuestos a dar leyes universales, deseando naturalmente que éstas sean flexibles de modo que se adapten a las circunstancias de ésta última época que exigen una utilidad igual. Éste es el *aequm bonum*, objeto de la jurisprudencia romana última que, desde los tiempos de Cicerón, comenzó a transformarse según el edicto del pretor romano. Este derecho es también, y tal vez en mayor grado aún, conforme a la naturaleza de las monarquías en las cuales los monarcas han acostumbrado a sus súbditos a atender su utilidad privada, mientras que ellos se han hecho cargo del cuidado de todas las cosas y desean que todas las naciones sometidas sean igualmente entre ellas por medio de las leyes, para que todas estén igualmente interesadas en el Estado".

Edad divina

12.- "Admítase lo que no es contrario a la naturaleza y lo que posteriormente será demostrado como realmente verdadero: que del estado nefario del mundo sin ley, se retiraron primero unos pocos que eran los más robustos, que fundaron las familias, con las cuales redujeron los campos de cultivo y que la gran mayoría después de largo tiempo abandonó igualmente aquel mundo y se refugió en las tierras cultivadas de aquellos padres".

13.- "Los primeros padres fueron reyes monárquicos familiares, superiores a todos en su familia y solamente sujetos a Dios; su imperio estaba apoyado por un espantoso temor religioso y consagrado por crueles castigos, como debe haber sido el imperio de los cíclopes en quienes Platón reconoce los primeros padres de la familia en el mundo".

14.- "...Estos hombres orgullosos que vivían unidos en la sociedad familiar, dieron muerte a los violentos que habían violado sus tierras y recibieron bajo su protección a los miserables que habían huido de aquéllos".

15.- "Los fugitivos sólo alcanzaron la segunda sociedad, que tiene por excelencia, el nombre de 'sociedad' por la extrema necesidad de la vida. Por eso también es digno de reflexión el que los primeros, en vista de que alcanzaron la sociedad humana bajo el impulso de la religión y del natural instinto de propagar el género humano, establecieron una noble y señorial. Los segundos, en cambio, que la establecieron por la necesidad de salvar la vida, dieron origen a la propiamente llamada 'sociedad' para disfrutar principalmente de la utilidad y, por consiguiente, ella fue vil y servil. Por esto, los refugiados fueron recibidos por los héroes

bajo la protección de las leyes justas, de acuerdo con las cuales
debían sustentar su vida natural con la obligación de servir de
jornaleros a sus señores".

16.- "De esta manera se fundaron las familias de los así llamados
fámulos (sirvientes), recibidos en la fe o fuerza o protección de
los héroes; ellos fueron socios en el mundo. Su vida estaba en manos de sus señores y, por tanto, también los bienes, así como los
héroes, en virtud del imperio paterno ciclópeo, tenían también el
derecho sobre vida y muerte de sus propios hijos y, en conformidad con tal derecho sobre su persona, tenían también un derecho
despótico sobre los frutos de su trabajo.

Con la muerte del padre, los hijos quedaban libres de este
imperio monárquico privado, y cada hijo lo asumía ahora enteramente para sí, por lo que todo ciudadano romano libre de la
patria potestad es llamado en el Derecho Romano *pater familias*.
Los fámulos, en cambio, debían vivir siempre en tal estado servil,
de modo que fue natural para ellos, después de haber transcurrido
mucho tiempo, hayan estado hastiados, según el axioma (N° 95)
que los hombres subordinados sienten el anhelo natural de sustraerse a la servidumbre".

Edad heroica

17.- "Por todo ello, los fámulos tuvieron que levantarse contra los
héroes. Y esta es la "necesidad" que hemos supuesto en los axio-
mas (N° 81), que los fámulos impusieron a los patricios heroicos
en el estado familiar y de que nacieron las repúblicas.

Pues ahora, por esta grave necesidad, los patricios fueron lle-
vados de un modo natural a unirse en órdenes para resistir a la
multitud de los fámulos solivivantados y al frente de ellos debió
colocarse alguno que se había destacado entre todos por su valor
y presencia de ánimo. Y éstos fueron llamados "reyes", del verbo
regere que significa propiamente 'sostener' o 'dirigir'. De esta manera, como muy bien lo expresa el jurisconsulto Pomponio, *rebus
ipsis dictantibus, regna condita*, en conformidad a la doctrina del Derecho Romano que establece que el derecho natural de las gentes
ha sido instituido por la Providencia (Inst. 1 ,2, 11). Y así fueron en
la tierra los primeros reyes heroicos. Y, en vista de que estaban en
igual situación y, dado el carácter feroz de los Polifemos, ninguno
quiso ceder ante el otro, por lo cual se formaron espontáneamente

los senados reinantes o senados de muchos reyes familiares".

Edad humana

18.- "Los hombres desean por de pronto, salir de la sujeción y an-
helan la igualdad: así se conducen los plebeyos en las repúblicas
aristocráticas, las cuales se transforman finalmente en populares:
después se esfuerzan por superar a los iguales: así se transforman
en repúblicas de poderosos (oligarquías). Finalmente, quieren someter a su voluntad las leyes: ésta es la anarquía, o repúblicas populares desenfrenadas, la peor tiranía que existe, en que hay tantos tiranos como audaces y licenciosos en la comunidad. En este
punto, los plebeyos, volviéndose sensatos por sus propios males,
se salvan al encontrar remedio bajo la monarquía".

Corrupción

19.- "Cuando, por último, las repúblicas populares se corrompen
y existe peligro de que ellas, por la falsa elocuencia y la degene-
ración de las luchas de los partidos, caigan en la anarquía, la Providencia, dispone que se encuentre entre el pueblo alguien que,
como Augusto, se transforme en monarca y restablezca el orden.

Mas, cuando la Providencia no encuentra tal remedio en el
interior, lo busca fuera; y –como tales pueblos corrompidos han
llegado ya antes a ser esclavos de sus pasiones desenfrenadas, del
lujo, del refinamiento, de la avaricia, de la envidia, de la soberbia,
del fausto y como por los placeres de la vida disoluta se habían
precipitado en todos los vicios propios de los más viles esclavos–
se convierten, también en esclavos por el derecho natural de las
gentes y deben someterse a otras naciones mejores que los con-
quistan con las armas y los conservan reducidos a provincia. En
todo esto refulgen dos grandes luces del orden natural: la una es
que quien no puede gobernarse por sí, ha de ser gobernado por
otro que sepa; la otra, que siempre gobiernan el mundo aquellos
que por su naturaleza son mejores".

Segunda barbarie

20.- "Mas, cuando los pueblos se pudren en medio de aquel mal político extremo de que no aceptan en el interior a un monarca propio y que tampoco vienen naciones mejores a conquistarlos y mantenerlos desde afuera, aplica la Providencia al extremo mal un remedio extremo: como aquellos pueblos, a guisa de bestias, se han acostumbrado a no pensar sino en las utilidades particulares, propias de cada uno y han caído en el último grado de suscepti-bilidad o, por mejor decir, de orgullo, de modo que, a la manera de fieras, cuando se disgustan por un pelo, se resienten y enfure-cen; y así cuidando y llenando al máximo los cuerpos, viven como bestias perversas en completa soledad de almas y cuerpos, no pu-diendo convenir apenas dos, siguiendo cada uno de ellos su pro-pio placer o capricho; por todo esto, con obstinadísimas facciones y desesperadas guerras civiles, convierten en selvas las ciudades y las selvas en cubiles de hombres y, de este modo, en el curso de largos siglos de barbarie, se cubren de herrumbre las desgracia-das sutilezas de los ingenios maliciosos que, con la barbarie de la reflexión, los han convertido en fieras más inhumanas que lo que ellos habían sido en la primera barbarie de los sentidos: pues ésta manifestaba una fuerza generosa contra la cual los otros podían protegerse y defenderse; en cambio, la barbarie de la reflexión, con una fuerza vil, pone acechanzas, entre lisonjas y abrazos, a la vida y a la fortuna de confidentes y amigos.

Por esto, los pueblos de esta malicia reflexiva se vuelven con este remedio último que aplica la Providencia, tan torpes y estúpi-dos que ya no sienten más las comodidades, los refinamientos, los placeres y el fausto, sino solamente las necesidades y utilidades más elementales de la vida; y con el reducido número de los hom-bres que al fin quedan y con la abundancia de las cosas necesa-rias para la vida, los hombres se hacen naturalmente soportables. Con el retorno a la primera simplicidad del mundo primitivo, los pueblos se toman nuevamente religiosos, veraces y fieles; de esta manera retornan entre ellos la piedad, la fe, la verdad, que son los fundamentos naturales de la Justicia y son gracias y bellezas del orden eterno de Dios".

Las naciones y el corsi

21.- "Pues en esta obra se ha demostrado plenamente que, en vir-tud de la Providencia, los primeros gobiernos del mundo tuvieron por única forma la religión sobre la cual únicamente se apoyó el estado de familias; cuando, en seguida, se pasó a los gobiernos civiles heroicos y aristocráticos, la religión tuvo que ser su principal fundamento; cuando se formaron los gobiernos populares, la misma religión sirvió a los pueblos de medios para alcanzarlos; cuando se establecen finalmente los gobiernos monárquicos, debe ser la religión el escudo de los príncipes. Por tanto, cuando la religión se pierde en los pueblos, no les queda nada para vivir en sociedad, ningún escudo para defenderse, ni medio para aconsejarse, ni fundamento para agarrarse, ni forma alguna por medio de la cual pudieren sostenerse en el mundo".

22.- "¿Y no hemos de decir que esto es el designio de una sabiduría sobrehumana?, que gobierna y conduce el mundo de manera divina, sin la fuerza de tiránicas leyes, haciendo uso únicamente de las costumbres naturales de los hombres. Pues sólo los hombres mismos han hecho este mundo de las naciones –éste fue el primer principio incontrastable de esta Ciencia– sin embargo, este mundo ha nacido, sin duda de un Espíritu que es a menudo diferente, a veces totalmente contrario, y siempre superior a los fines particulares que los hombres se habían propuesto; y este Espíritu ha hecho siempre de estos fines restringidos, medios para servir a fines más amplios y los ha utilizado siempre para conservar el género humano en esta Tierra. Por eso los hombres, queriendo practicar la lascivia bestial y destrozar sus partes, crean con ello la castidad de los matrimonios de donde surgen las familias; y queriendo los patricios ejercer inmoderadamente los imperios paternos sobre los clientes, los someten a los imperios civiles, de donde surgen las ciudades; y queriendo los órdenes reinantes de los nobles abusar de su libertad contra los plebeyos, caen en la servidumbre de las leyes que crean la libertad popular; y queriendo los pueblos libres sacudir el freno de sus leyes, caen en la sujeción de los monarcas; y queriendo los monarcas envilecer a sus súbditos con todos los vicios de la relajación para su seguridad, los disponen a soportar la esclavitud de las naciones más fuertes, y queriendo las naciones arruinarse a sí mismas, van a salvar sus restos en las soledades de donde, como el fénix, renacen nuevamente".

23.- "Este curso de las cosas humanas civiles no lo siguieron Cartago, Capua, Numancia –las tres ciudades que Roma temía que pudiesen alcanzar el imperio del mundo– porque el desarrollo de los cartagineses fue acelerado por su innata agudeza africana, agudizada aún más por el comercio marítimo; el de los capuanos, por la blandura del cielo y la abundancia de la feliz campaña; los numantinos, por último, fueron sojuzgados en la primera flor del heroísmo por los romanos. Los romanos, en cambio, no impedidos

jamás por ninguna de estas circunstancias, caminaron con paso
justo, dejándose guiar por la Providencia por medio de la sabiduría popular; ellos pasaron por las tres formas de los estados civiles, según su orden natural, y en cada una permanecieron tanto
tiempo hasta que, de una manera natural, sucediera a la primera
la segunda; mantuvieron la aristocracia hasta las leyes Publicia y
Petelia, la libertad popular hasta los tiempos de Augusto, la monarquía mientras fue humanamente posible resistir a las causas
internas y externas que destruyen esta forma de Estado".

Textos de *Principi di Scienza Nuova d'intorno alla comune natura delle nazioni*, ed. de 1744 (red. Ópera IV;
Bari, 1928), traducción de Ricardo Krebs en Juan Bautista Vico. *Selección...*, Santiago, 1955.

Racionalismo moderno, vuelco de la visión multicausal de la historia a la monocausal

*No habría revoluciones americana, francesa o rusa, ni tampoco constitucio-
nes, sin la idea del progreso secular hacia una consumación, sin la fe original
en el reino de Dios (transmutada en felicidad terrena), aunque a penas pueda*

TERCERA PARTE

MODERNIDAD ILUSTRADA: VISIONES MONOCAUSALES

afirmarse que las enseñanzas de Jesús tienen su manifestación, en los programas de los movimientos políticos.

Löwith Karl,
El sentido de la historia, apéndice.

El racionalismo es uno de los fenómenos centrales de la historia moderna. Puso en cuestión los fundamentos racionales y revelados de la modernidad barroca. En nombre de la sola razón, sometió a crítica y revisión los pilares de esa visión del mundo: Dios, el hombre y el Universo. En otras palabras, acometió la titánica empresa de reinterpretar y refundar el propio mundo sobre nuevas bases. En este sentido, constituyó a lo largo de dos centurias, desde mediados del siglo XVIII hasta mediados del siglo XX, una constante en la vida de Europa y de América[16].

La historia no escapó a esta conmoción. Bajo el signo del racionalismo se la hizo de una nueva manera, a la luz de la sola razón, vale decir, exclusivamente sobre la base de datos del propio pasado y de otras disciplinas, pero sin tener en cuenta otras informaciones que la razón no está en condiciones de verificar, como la revelación y la tradición. De esta suerte, junto con disociarse el más acá terreno del más allá divino, se interpreta la historia en términos intramundanos, al modo de un progreso indefinido de la humanidad. Desaparecen así los enfoques multicausales, que hasta entonces, combinaban, historia, teología, filosofía y demás, los cuales son reemplazados por una nueva visión monocausal de la historia, en la que cada autor la explica en virtud de un factor único: Hegel, el espíritu; Comte, la sociedad y Marx, la materia.

Estos cambios en las visiones de la historia, consecuencia del racionalismo moderno, se entienden muy bien a la luz de su trayectoria histórica. En síntesis comprenden cuatro momentos. Su punto de partida, en la primera mitad del siglo XVII, es la formulación de un nuevo criterio de certeza. Su origen está en la inversión de la sola fe luterana, en la sola razón de Grocio y de Descartes. Luego viene el auge del racionalismo moderno que coincide con el revisionismo crítico de la Ilustración en el siglo XVIII. Entonces se aplica el nuevo criterio de certeza a los grandes temas del pensamiento europeo: Dios, el hombre y el mundo, cobra forma la creencia racionalista en el progreso indefinido de la humanidad por obra de la razón humana y conforme a ella se compone *La Enciclopedia*. El apogeo corresponde a los grandes sistemas de pensamiento racionalista del siglo XIX, cerrados y

---

[16] En estas páginas se da al término racionalismo una significación más amplia que la habitual en los libros y manuales de filosofía. Esta advertencia se hace siguiendo un amable consejo del profesor Mario Góngora, en atención a que en el texto se comprende bajo ese rótulo no sólo al idealismo en sus diversas manifestaciones, sino también a las distintas corrientes empiristas. La razón de ello queda clara en el texto. En último término ambas directrices parten de una misma actitud de rechazo de la realidad tal cual es, para substituirla por una realidad tal como los observadores mismos la reconstruyen mentalmente, a partir de sus propios métodos, sean éstos especulativos o empíricos.

autosuficientes, cuyo fundamento no es especulativo sino histórico, en cuanto se dicen en posesión del sentido y fin de la historia de la humanidad, que viene a ser una suerte de sustituto de la esperanza cristiana. Tales son, el idealismo dialéctico absoluto de Hegel (1770-1831), el positivismo sociológico de Comte (1798-1857) y el materialismo dialéctico de Marx (1818-1883). Por último, la agonía del racionalismo en el siglo XX, corresponde a la disolución de estos grandes sistemas y al derrumbe de la modernidad racionalista, la cual, deja paso a una postmodernidad. A ella se hace una breve alusión en el epílogo.

Antes de abordar cada una de estas etapas, conviene decir algo sobre el sentido y forma de este estudio.

El racionalismo se resiste a morir. Sin que nos demos bien cuenta de ello, sobrevive en nosotros, es parte de nuestra mentalidad. Por eso, su estudio ofrece un interés y una dificultad especial. Tiene algo de introspección. Más aun, exige considerar como históricos, esto es, como relativos a una época y a un medio determinados, supuestos intelectuales que son parte de nuestra propia manera de mirar y concebir el mundo. En este sentido, su estudio no puede menos que representar una especie de autoexamen y autocrítica.

Ahora bien, esta autocrítica es más fácil y más provechosa para quienes pertenecemos al mundo de habla hispana y portuguesa que para otros occidentales, como los europeos o los estadounidenses, dado que en nuestra mentalidad, bajo una corteza racionalista más o menos densa, pervive en mayor medida que entre ellos, la visión realista y teologal del mundo, que precedió al racionalismo. Ella explica en buena parte ese desdén con que nosotros, sin dejar de admirar lo que tienen otros pueblos más poderosos, miramos lo que ellos son. Contamos pues, con un contrapunto para estudiar el racionalismo y su naufragio en los *metarelatos* del siglo XX, que el europeo o el estadounidense muchas veces tiene que descubrir tras largas y minuciosas investigaciones.

Sea que de esta autocrítica salga fortalecida una u otra vertiente de nuestra mentalidad –la realista o la racionalista– ella es siempre provechosa, porque nos pone en condiciones de examinar los fundamentos de nuestra manera de pensar. Y esto, al menos al hombre culto, universitario o no; le es indispensable.

Primera etapa

Nuevo criterio de certeza, de la sola fe a la sola razón

El racionalismo es ante todo una actitud mental, una nueva manera de mirar las cosas, una nueva postura frente a la realidad. Su raíz es la búsqueda de la certeza, de un saber seguro, inobjetable, al margen de los conocimientos transmitidos, vale decir, al margen de la Revelación y de la tradición clásica de la Antigüedad.

Los descubrimientos geográficos y científicos que se suceden a partir de fines del siglo XV mostraron en forma cada vez más acabada los errores y limitaciones de la Física, es decir, de los conocimientos sobre la naturaleza que se remontaban a Aristóteles, Galeno y Ptolomeo. De rechazo, arrojaron también una sombra de duda sobre la Metafísica, esto es, los conocimientos acerca del ser de las cosas o Filosofía, de los grandes pensadores de la Antigüedad y del Medievo, entre los que se contaban Platón, el propio Aristóteles y su principal continuador medieval, Santo Tomás de Aquino. Se produjo así una conmoción intelectual que comprometió uno de los pilares del pensamiento europeo: la autoridad de los clásicos griegos y latinos.

Pero mucho mayor fue la conmoción religiosa, originada por el protestantismo. Con él apareció el libre examen de las Sagradas Escrituras, al margen de la autoridad y las enseñanzas de la Iglesia. La propia Revelación divina pasó así a convertirse en materia de disputa. De esta suerte, se conmovió el otro pilar, hasta entonces indiscutible e indiscutido, del pensamiento europeo: la autoridad de la Revelación divina, tal como se contiene en las Sagradas Escrituras y en la Tradición de la Iglesia y es propuesta por el magisterio eclesiástico.

Surge así la búsqueda de nuevos criterios de certeza, la preocupación por las condiciones del conocimiento cierto y verdadero, en una palabra, por el método –en griego, camino– adecuado para adquirir conocimientos seguros, comprobados, indiscutibles.

En lugar de preguntarse –como se había hecho hasta entonces– qué son las cosas, qué se sabe sobre ellas, se pregunta qué se puede demostrar sobre las cosas, qué puede uno comprobar sobre ellas. Se prescinde así, al menos hipotéticamente, de la Revelación, cuyo contenido escapa en su núcleo fundamental a toda comprobación por la razón humana: son los misterios superiores a la razón, que ésta sólo puede admitir por la autoridad de Dios, manifestada a través de la Revelación. Se prescinde también, al menos en cuanto su contenido no ha sido previamente comprobado, de las obras clásicas: son las noticias anteriores a la razón, cuya verificación no siempre está en condiciones de realizar y que sólo cabe admitir por la autoridad de los antiguos, que dan testimonio de ellas.

Entre los pensadores que contribuyeron a forjar este nuevo criterio de certeza se destacan el holandés Hugo Grocio (1583-1645) y el francés René Descartes (1595- 1650). Ambos son sinceramente creyentes, el primero protestante, el segundo católico. Sin embargo, ambos prescinden hipotéticamente de las verdades reveladas, para limitarse a determinar lo que la razón humana puede comprobar por sí misma de un modo inobjetable. Dan así el primer paso hacia la construcción de un mundo formado únicamente por lo que la razón humana logra demostrar.

Grocio lo hace en el campo del derecho y postula frente al derecho establecido, al que califica de voluntario, esto es, creado artificialmente por la voluntad humana, un derecho natural racionalista, fundado en la razón humana que lo deduce *a priori* de la naturaleza individual del hombre y lo comprueba *a posteriori* a través de los derechos de los distintos pueblos. Este derecho natural está dotado de una certeza semejante a la de las matemáticas: universal, necesario e inmutable y, por tanto, también válido para todos los tiempos y para todos los hombres, sean católicos o protestantes, cristianos o no cristianos, independientemente del hecho de que Dios exista o no, lo cual, como el mismo Grocio advierte, nadie podría dudar sin gran impiedad[17].

Lo que Grocio hizo en el campo del derecho, lo hizo Descartes en el campo de la filosofía[18]. Propuso un nuevo método de conocimiento cuyo objeto es formular ideas claras y distintas, como los conceptos matemáticos, dotadas de una certeza que estuviera más allá de toda duda. En consecuencia, sostuvo que la razón humana demuestra que la realidad se reduce en último término a dos órdenes absolutamente distintos entre sí, el de la *res cogitans* y el de la *res extensa*, vale decir, de la substancia pensante y de la substancia extensa. Introdujo así una disociación metafísica entre espíritu y materia, entre lo suprasensible, accesible a la razón humana a través de la especulación y lo sensible, accesible a través de la experimentación. Esta disociación es básica para todo el pensamiento racionalista ulterior.

El criterio de certeza, adoptado por Grocio y por Descartes y que sirve de punto de partida al racionalismo moderno es, pues, no admitir otros conocimientos que los adquiridos por la razón, que ella misma está en condiciones de comprobar. Esta comprobación se busca por dos vías fundamentales, que corresponden a la distinción metafísica postulada por Descartes entre *res extensa* y *res cogitans* y son, o bien la vía experimental, en el caso de los hechos que el investigador está en condiciones de reproducir y observar cuantas veces lo desee, como son los del mundo sensible y mensurable, o bien mediante la vía especulativa, en el caso de las realidades con un contenido suprasensible, entre las que se cuentan las actuaciones humanas, desde la religión, la moral, el derecho y la historia hasta la filosofía, la política y el arte.

Pero este dualismo metafísico cartesiano resultó pronto insostenible para los racionalistas. La mayoría de los autores posteriores a Descartes estimó que la razón humana demuestra que toda la realidad se reduce en último término a un único principio llamado, o bien idea por los que lo consideran puramente espiritual y accesible a través de la especulación, o bien materia por los que lo consideran puramente material y accesible a través de la experimentación. De ahí arrancan las dos grandes corrientes en que desemboca el pensamiento racionalista posterior a Descartes, el idealismo y el materialismo. Ambas llegan a su culminación en el siglo XIX, la una con el idealismo dialéctico absoluto de Hegel y la otra con el materialismo dialéctico o histórico de Marx.

---

[17] Cassirer, Ernst. *Filosofía de la Ilustración*, (1932) Madrid, 1943. Villey, Michel. *La formation de la pensée juridique moderne*, París, 1975.

[18] Descartes, René. *Discours de la Methode*, 1637. Villey, nota 17.

Entre los iniciadores de esta reducción del dualismo cartesiano a una forma de monismo está el pensador inglés Tomás Hobbes (1588-1679), fundador del positivismo jurídico moderno. En lugar de colocar al derecho, como lo hace Grocio, dentro del campo especulativo del deber ser suprasensible, lo colocó dentro del campo fáctico, del ser sensible o de los simples hechos. Conforme a esto postuló que el estado natural y original del hombre no era la comunidad sino el individuo, de suerte que la sociedad y el Estado no tenían otro origen que el contrato o pacto entre los individuos que los componen y, por tanto, no existía otro derecho que el impuesto por el Estado. En este sentido, Hobbes no sólo niega el derecho natural y es, por tanto, el padre del positivismo jurídico moderno, sino que también lo es del contractualismo social moderno.

NUEVA ACTITUD ANTE LA REALIDAD

La clave del racionalismo es la actitud ante la realidad implícita dentro del nuevo criterio de certeza. Conforme a él, la búsqueda de un conocimiento cierto se convierte en búsqueda de verdades al alcance de la razón humana, que ella misma esté en condiciones de comprobar. Lo cual no conduce a una visión de la realidad tal como es y se presenta a la razón humana, sino a una visión de la realidad tal como la razón humana la concibe y se la representa, por los medios de demostración a su alcance. Tal es la visión racionalista de la realidad, que no puede evitar alejarse cada vez más de la visión simplemente racional –o realista– de la realidad, hasta entonces dominante en el pensamiento europeo[19].

En efecto, para el racionalismo sólo es real lo concebible por la razón humana. Únicamente de esto cabe tener certeza. De lo demás no; y, por tanto, ni siquiera cabe afirmar que exista. Así, pues, dentro del horizonte mental de racionalismo no hay cabida para realidades que superen a la razón humana: ni para un Dios, cuya grandeza sobrepase los límites del entendimiento humano, ni para un mundo, cuya complejidad sólo pueda ser plenamente conocida por un entendimiento divino. Por eso, los iniciadores del racionalismo en el siglo XVII, aunque sinceramente creyentes como lo fueron Grocio y Descartes, prescindieron, al menos hipotéticamente, de la Revelación y sus seguidores no pudieron menos que rechazarla en nombre de la razón, como lo hicieron los enciclopedistas del siglo XVIII, hasta terminar por proponer un sustituto racionalista de ella, como, de hecho, lo hicieron finalmente los creadores de los grandes sistemas de pensamiento racionalista del siglo XIX: Hegel, Comte y Marx.

El universo mental del racionalismo es pues, más estrecho que el universo mental simplemente racional. En lugar de contener todo lo inteligible en sí mismo, contiene tan sólo lo inteligible para la razón humana. En esta identificación de la

---

[19] Chevalier, Jacques. *Historia del pensamiento*, 2 vols., (1955), Madrid, 1958, 2.

realidad con lo inteligible para la razón humana se fundamenta la nueva actitud del racionalista frente a la realidad: la afirmación del poder de la razón humana para transmutar la realidad tal cual es, en otra distinta, tal cual ella misma dictamina que debe ser.

La raíz de esta actitud mental es clara. Desde que se hace coincidir la realidad con lo que la razón humana alcanza a comprobar por sí misma, los límites de la razón humana son también los límites de la realidad. De esta manera, la razón humana deja de reconocerse limitada exteriormente por la realidad y pasa a erigirse a sí misma en medida de la realidad. En efecto, si la realidad no se extiende más allá de lo que cabe dentro de la razón humana, tampoco está la razón humana circunscrita por la realidad, inmersa dentro de un universo real, anterior y superior a ella, al cual le es imposible substraerse. Antes bien, nada le impide sobreponerse al mundo real y forjar otro distinto, conformado según sus propios dictados.

Lo inteligible en sí y lo concebible para el hombre

Esta actitud frente a la realidad diferencia netamente al racionalismo moderno de otras formas de pensamiento racional anteriores, como son la visión realista del mundo de raíz griega y la visión teologal del mundo de raíz cristiana. Una y otra coinciden en reconocer a la realidad como algo dado, que en todo caso supera a la razón humana, cuyas limitaciones le impiden abarcarla totalmente. Es decir, parten por reconocer una insalvable desproporción, que el racionalismo ignora, entre la realidad inteligible en sí misma y la realidad inteligible para la razón humana: lo concebible para el entendimiento humano es tan sólo una parte de lo inteligible en sí mismo. Según esto, los límites de la realidad distan mucho de coincidir con los de la razón humana, pues derivan de una razón superior, el entendimiento divino, único capaz de abarcar cuanto es inteligible en sí mismo. En consecuencia, la realidad se impone a la razón humana como algo anterior y superior a ella, a lo cual ella misma no está en condiciones de substraerse. Tal es el punto de partida del realismo.

Según esto, el papel de la razón y el objeto de la ciencia humana no es otro que conocer la realidad tal cual es (realismo) y dentro de ella, reconocer el lugar y la misión del hombre, en el seno de ese mundo real anterior y superior al mismo hombre, plenamente inteligible para el entendimiento divino y sólo parcialmente concebible para el entendimiento humano. De ahí tomó su nombre la filosofía entre los griegos: amor a la sabiduría, que en sí misma es un atributo de la divinidad.

Por su parte, el enfoque teologal, propio del cristianismo, añade a esta visión realista una dimensión trascendente. Es decir, refiere el más acá terreno al más allá divino, donde tiene su razón de ser, tanto por su origen como por su fin. Esta explicación última de la realidad por la causa primera, que es Dios, supone –no elimina– las explicaciones inmediatas, a través de las causas segundas, que son los agentes creados. Así la realidad inteligible para la razón humana tiene su explicación última en la razón sabia de Dios que gobierna todos los actos y movimientos (*lex aeterna* = ley eterna). Ella rige cada cosa según su naturaleza: el orden físico mediante leyes (físicas) impuestas, que se cumplen infaliblemente, y el orden humano a través de leyes (morales), propuestas para ser cumplidas libremente por los hombres. Al conocer esta ley eterna, la razón humana reconoce también cuál es el lugar y la misión que el propio Dios ha asignado al hombre dentro del universo (*lex naturae* = ley natural), que cada uno ha de adoptar libremente como regla y medida de su actuación terrena si quiere alcanzar la relativa felicidad en esta vida y la completa felicidad en la vida ultraterrena. La razón y la libertad humana son, pues, un don divino que coloca a todos y cada uno de los hombres radicalmente por encima de las demás realidades terrenas –bienes, poder, placer–, que son simples medios para él, como el único capaz de acoger deliberadamente la invitación de Dios para disponerse en esta vida a participar eternamente de su gloria.

En cuanto el racionalismo se alza contra el mundo real, tal como es, en última instancia, según los dictados de la razón divina, para substituirlo por un mundo real, tal como debe ser, según los dictados de la razón humana, no puede menos que alejarse cada vez más de esta cosmovisión realista y teologal que le precedió.

Este desenlace tiene mucho de inevitable. Desde que la búsqueda de la certeza en los conocimientos humanos, no responde al amor del saber, que dio su nombre a la filosofía, sino al afán de poder, que anima el intento de conformar la realidad a los dictados de la razón humana, se genera una situación violenta, que sólo pude sostenerse mediante la fuerza.

En una palabra, para el racionalismo es indigno del hombre, como sujeto racional, conformarse con aplicar la razón a entender la realidad –*intus-legere*– y a jugar un papel dentro del universo, tal cual es, sin que él mismo haya intervenido para nada en su diseño, limitándose a buscar la perfección y la justicia mediante una mera transformación de esa misma realidad, dentro de las limitaciones propias de su propia naturaleza y de la naturaleza de las cosas. En lugar de eso, sostiene que lo propio del hombre, como sujeto racional, es aplicar su razón a hacer realidad un mundo ideal, más perfecto y más justo, diseñado por su razón, donde él mismo no estará sometido a otro poder que el de su propia razón. En el fondo, el racionalismo rechaza la realidad como algo anterior a la razón, imperfecto e injusto, que la razón está precisamente llamada a abolir y reemplazar.

Tal es precisamente la suprema aspiración de la Ilustración. Para ella la razón humana y ciencia están llamadas a rehacer el mundo según sus propios dictados, es decir, a substituir la realidad tal cual es por otra distinta tal cual ellas mismas dictaminan que debe ser. Dentro de este mundo conformado por la razón, el hombre no tendrá un lugar y una misión determinados de antemano, como sucede dentro del mundo real, sino el lugar y la misión determinados por su propia razón.

Segunda etapa

Auge del racionalismo. Ilustración y creencia en el progreso indefinido

El revisionismo crítico de la Ilustración no tiene límites. No se detiene ante nada ni ante la teología y las ciencias sagradas, ni frente a la metafísica y las ciencias humanas, ni en fin, frente la física y las ciencias de la naturaleza. Pero naturalmente los resultados son diferentes, según se trate del más acá terreno o del más allá ultraterreno. Además, lejos de quedarse en el plano de la teoría, estos resultados comportan dimensiones prácticas de largo alcance. Responden a un propósito de rehacer el mundo según los dictados de la razón, es decir, de los filósofos, nombre que se da a los pensadores ilustrados.

Bajo el signo del racionalismo las ciencias de la naturaleza pasan a primer plano. Reciben mayor impulso que las sagradas o las humanas y se convierten en modelo de las ciencias del hombre. El nuevo criterio de certeza rinde más fruto en las llamadas ciencias exactas. Se produce un auge del estudio de la materia cuantificable, como las matemáticas y del mundo sensible, como las ciencias experimentales. Recuérdese los trabajos de Pascal (1623-1662) y de Leibniz (1646-1716) en el campo de las matemáticas, los descubrimientos de Galileo (1564-1642) y de Newton (1642-1727) en el de la física y las investigaciones de Linneo (1707-1778) y Buffon (1707-1788) en el de la biología.

En contraste, el conocimiento de Dios se vuelve cada vez más inaccesible. Al prescindir de la Revelación, la sagrada teología se convierte en mera teología natural o teodicea y deriva hacia la búsqueda de un fondo común a todas las religiones que viene a ser como un mínimo común denominador en materia religiosa. De ahí la declinación de la teología y de las ciencias sagradas. Al comenzar el siglo XIX, Hegel hace notar, con una mezcla de asombro y de desconcierto esta pérdida de una visión teocéntrica del mundo: "nuestro tiempo se caracteriza frente a todos los demás por conocer una interminable multitud de cosas y, en cambio, nada de Dios. Antes el espíritu ponía su más alto interés en conocer a Dios y escudriñar su naturaleza. Nuestro tiempo, en cambio, ha prescindido de esta necesidad, y se ha ahorrado el esfuerzo y lucha consiguiente. Lo damos por sabido y lo descartamos. Pero lo más asombroso es que el hombre parece hallarse tan orgulloso de esta actitud, que por sí misma merece mirarse como la fase extrema de su abatimiento, que considera que "cabalmente este abatimiento debe cifrarse su más alto y verdadero destino"[20].

El auge de las ciencias exactas y la declinación de las ciencias sagradas, tiene, a su vez, un efecto sobre las humanidades o ciencias del hombre. Da lugar a una aproximación de ellas a las ciencias de la naturaleza. De esta suerte, la propia razón humana termina por no ver en el hombre sino un elemento más dentro del mundo físico natural, sujeto a las mismas leyes que rigen a la materia y a los seres irracionales.

70

Para los ilustrados estos adelantos traen consigo necesariamente un perfeccionamiento no sólo material, sino también moral del hombre. Es decir, conducen no sólo al conocimiento y al dominio del mundo exterior, sino también al conocimiento y dominio de sí mismo. De ahí su preocupación general por la educación, en especial, por la educación popular, y la difusión de las llamadas ciencias útiles: la física, la química, la biología, las matemáticas y los conocimientos técnicos y su menosprecio de las humanidades: las lenguas clásicas, la historia, la metafísica y la teología.

Pero la idea del progreso indefinido tenía para los ilustrados un alcance aún mayor. No era sólo una idea, sino que constituía una auténtica creencia, de orden racional, indiscutible e indiscutida y, como tal, un sustituto de la creencia sobrenatural en Dios como principio, medio y fin de todas las cosas. En concreto, permitía explicar la historia sin intervención de Dios, quien quedaba relegado al papel de mero espectador. En este sentido, se tornó frecuente la comparación con un relojero que, después de echar a andar la máquina del universo, se limita a observar su movimiento, regido únicamente por leyes naturales. De ahí el rechazo de la posibilidad de una Revelación divina y de los milagros, por considerar que el curso de las leyes naturales era inalterable, incluso para el mismo Dios.

En otras palabras, esta creencia racional en el progreso indefinido viene a ser el sustituto de la creencia sobrenatural en un Dios que, después de esta vida, premia a los buenos y castiga a los malos. De ahí que muchos descarten la idea del hombre como viajero, *viator*, en búsqueda de Dios y de la a salvación personal como supremo ideal humano, al que debían tender todas las instituciones sociales: el gobierno, la enseñanza y la economía. Se ponen así los fundamentos de una descristianización de la vida pública y privada.

Esta nueva fe en la razón y el progreso persistió durante el siglo XIX y fue el nervio de los grandes sistemas de pensamiento de la etapa siguiente, de apogeo del racionalismo. Dichos sistemas no son sino concreciones de ella, dentro de un esquema tripartito, que corresponde al pasado, presente y porvenir. Tal es el caso del idealismo absoluto de Hegel, del que derivan el positivismo de Comte y el materialismo de Marx. Los tres están igualmente animados de la convicción de haber descubierto el curso necesario de la historia. En el colmo del optimismo, Comte, el más simple de todos, no vaciló en anunciar que los hombres no cesarían de hacerse *más ricos, más poderosos y más felices.*

Por más de un siglo los avances, cada vez más espectaculares de la ciencia y de la técnica, que se suceden sin intermisión desde el siglo XVIII hasta el XX parecieron avalar la creencia en el progreso indefinido. Pero esta creencia se derrumbó bruscamente durante la primera mitad del siglo XX y con ella, se desmoronó también

---

[20] Hegel, Jorge Federico. *Philosophie der Religion*, (1832), en sus *Obras*, Francfort, 1970.

la modernidad ilustrada. Las dos guerras mundiales, de 1914-1918 y de 1939-1945, la gran depresión económica del período intermedio y el surgimiento, también a partir de la primera postguerra, de los Estados totalitarios, hicieron dudar que el progreso técnico y el moral vayan unidos. Esta desilusión es uno de los factores decisivos del ocaso intelectual del racionalismo y, al mismo tiempo, una de las manifestaciones más claras del mismo.

LA ILUSTRACIÓN Y SUS VERTIENTES

Dentro de este marco general, surgen, como es natural, diversas posiciones y corrientes. Entre ellas, se distancian entre sí una Ilustración irreligiosa y cosmopolita[21] y otra católica y nacional[22]. Ambas tienen en común su confianza en el poder de la razón para transformar el mundo y hacer a los hombres más felices. Pero entienden esta ampliación de los fines del gobierno, más allá de mantener la paz y la justicia, a lo que entonces se denominaba *policía* de modo opuesto, hasta terminar enfrentadas entre sí. Mientras para unos, cuyo foco principal es Francia, la meta es disociar el más acá terreno del más allá ultraterreno, a fin de liberar al hombre de sus creencias y de su pasado, y dejarlo sometido únicamente a los dictados de la razón, vale decir, de los filósofos; para otros, espíritu reformador y el ideal católico y nacional van unidos. La crítica a la Iglesia, no pone en duda la Revelación divina, sino que se dirige contra la credulidad y las supersticiones que la deforman, así como contra abusos disciplinares o prácticos. Del mismo modo, en materias profanas, junto con fomentar los adelantos científicos y técnicos, se

---

[21] Cassirer, nota 17. Gay, Peter. *The Enlightment. An interpretation.* 2 vol... 1. *The rise of modern paganism*, 2. *The science of freedom*, Londres, 1966-1969.

[22] Sobre la Ilustración católica y nacional: Merkle, Sebastián; *Die Katholische Beurteilung* des Aufklärungszeitalter, Berlín, 1909. El mismo, *Die Kirchliche Aufklärung in katholischen Deutschland*, Berlín 1910. Moncada , Luis Cabral de ; *Italia e Portogallo nel settecento*, Roma, 1949. Ahora en: El mismo, *Estudios de Historia do Direito* 3, Coímbra, 1950. Góngora del Campo, Mario. "Estudios sobre el galicanismo y la Ilustración católica en América española" en: *Revista Chilena de Historia y Geografía*, 125, Santiago, 1957. El mismo, "Aspectos de la Ilustración Católica en el pensamiento y vida eclesiástica chilena (1770-1814), en: *Historia*, 8, Santiago, 1969. Ahora ambos en: El mismo, *Estudios de Historia de las ideas y de historia social*. Valparaíso, 1980. Wandruszka, Adam. "*Il reformismo cattolico del settecento in Italia ed Austria*" en: *Storica e politica*, 3-4, 1965. El mismo, "Die Katholische Aufklärung Italiens und ihr Einfluss auf Österreich" en: Kovacs, Elisabeth (ed.). *Katholische Aufklärung und Josefinismus*, München, 1979. Plongeron, Bernard, "Recherches sur l'Aufklärung catholique en Europe occidentale 1770-1830" en *Revue d'hiatoire moderne et contemporaine*, 16, 1969. Krauss,Werner. *Die Aufklärung in Spanien, Portugal und Lateinamerika*, Munich, 1973. Bravo Lira, Bernardino. "Feijoó y la Ilustración católica y nacional en el mundo de habla castellana y portuguesa" en: *Jahrbuch für Geschinte von Staat, Wirtschaft und Gesellschaft Lateinamerikas*, 22, Colonia-Viena, 1985. El mismo, "Verney y la Ilustración católica y nacional en el mundo de habla castellana y portuguesa", en *Historia*, 21, Santiago, 1986. Maravall, José Antonio. *Estudios de la historia del pensamiento español del siglo XVIII*, Madrid, 1991. Klueting, Harm (ed.). *Katholische Aufklärung-Auklärung in katholischen Deutschland*, Hamburg, 1993.

renueva el propio derecho e instituciones y se fomentan en general, los recursos y la prosperidad del país.

Caso aparte es la Ilustración en cámara lenta de los países de habla inglesa. Ahí la religión no es ni rechazada ni reconocida. Se mira como cosa privada. Esta indiferencia frente a las creencias permite, como contrapartida una exaltación del individuo y de sus haberes. La intangibilidad de las propiedades es la gran razón de la Independencia de los Estados Unidos, que, como se sabe, a diferencia de la Revolución Francesa o de la Independencia iberoamericana, se produjo no por motivos ideales, sino por un una cuestión de impuestos. En atención a estos factores económicos, se procura evitar los trastornos sociales a la hora de realizar los ideales de la Ilustración. Más importante que ellos es la estabilidad, la tranquilidad de los propietarios. Ni reformas ni revolución, pero tampoco inmovilidad. Si hay que hacer cambios, se procede con todo el sentido práctico posible. Nadie expresó mejor esta mentalidad que Jefferson, uno de los primeros presidentes de Estados Unidos: "el mejor gobierno es el que gobierna menos"[23]. Lo cual vale, ante todo, para las creencias y las costumbres. No conviene provocarse problemas por tales cosas, aunque eso signifique discriminación contra los católicos en Inglaterra ni la esclavitud de los negros en Estados Unidos.

En suma, si las otras vertientes de la Ilustración brillan por sus realizaciones, esta brilla por su modo de realizarlas, con un mínimo de costo. Como observó Chaunu, a diferencia de Francia, Inglaterra no necesitó de una revolución para transformarse en un país moderno[24].

El distanciamiento entre las distintas vertientes de la Ilustración puede seguirse a lo largo del siglo XVIII, a través de tres generaciones. La primera, tiene un sello marcadamente crítico. Está representada por autores que tuvieron mucha difusión, tanto en Europa como en Iberoamérica, como los italianos Vico (1668-1743) y Muratori (1672-1750), el inglés Toland (1670-1722), el alemán Heinecio (1681-1741), el español Feijóo (1676-1764) y el francés Montesquieu (1689-1755).

Muratori critica los abusos de la devoción y de la jurisprudencia, sus obras se difundieron desde el Danubio a Filipinas[25]. Heinecio fue, sin duda, durante más de un siglo el autor más conocido en Europa y en América hispana por su *Derecho romano* y *Derecho natural*, editados y reeditados a ambos lados del Atlántico[26], Feijóo, autor de un *Teatro crítico universal*, fue el escritor más leído en España y en América.

Montesquieu, cuyas obras alcanzaron una enorme difusión en ambos mundos, contrasta con la obra de los anteriores. Traspone al obrar humano, cuyo objeto son las acciones que el hombre realiza, las categorías propias del hacer, cuyo objeto son las cosas que el hombre produce. Según esto, para él, se puede construir un

---

[23] Jefferson, Thomas. *The Writings of …*, ed. Andrew Lipscomb, 20 vols, Washington, 1900-1903.
[24] Chaunu, Pierre. *La grand déclassement*, París, 1989.

Estado, como un artefacto técnico[27].

En concreto, propone como modo de garantizar los derechos de los individuos limitar el poder del Estado, mediante una división mecánica de su ejercicio entre distintos sujetos, que se encarguen respectivamente de los llamados tres poderes: ejecutivo, legislativo y judicial. En otras palabras, Montesquieu reduce el despotismo a algo abstracto. En lugar de consistir en abusos concretos, cometidos por el gobernante contra los gobernados, como siempre se entendió, lo hace consistir, como dirá más adelante, la declaración francesa de los derechos del hombre, en la sola reunión de esos tres poderes en un mismo titular.

Esta teoría de la separación de los poderes será una de las ideas matrices del constitucionalismo del siglo XIX, cuyos seguidores se aplicarán con toda seriedad a construir un Estado como una máquina, técnicamente sin fallas. Su punto de partida no serán los hombres concretos, tal como son, con su carácter, su mentalidad, todo lo que les es propio, sino un catálogo de derechos del hombre abstracto, que se suponen tan universales e inmutables como las leyes del mundo físico. Al igual que los productos de la técnica, estos artefactos constitucionales, diseñados conforme a esos postulados, se supondrán válidos para todos los pueblos de una misma época. En una palabra, se asimila la comunidad política a un mero producto técnico y los hombres concretos, a simples objetos.

REFORMADORES Y ENCICLOPEDISTAS

La distancia entre las distintas vertientes de la Ilustración se ahonda en la siguiente

---

[25] Heinecio (Heinecius), Johann Gottlieb. *Elementa iuris civilis*, Ámsterdam, 1725. eds. castellanas Madrid, 1829, 1836. Santiago de Chile, 1843, París, 1850. Sus *Elementa iuris naturae et gentium*, Halle, 1738, fueron reeditados en Madrid en 1776 y traducidos al español, en Ayacucho en 1832 y en Madrid 1837. De sus *Recitaciones in elementa iuris civilis*, 2 vols., Ticino 1780-1781, se hicieron hasta 1870, cinco ediciones castellanas. Muy difundidas fueron sus *Obras completas*, de las que hay varias ediciones, Ginebra, 1744-1749 y Nápoles, 1769-1777. Luig, Klaus, artículo "Heineccius" en Stolleis, Michael (ed), *Juristen. Ein biographisches Lexikon*, Munich, 2001. El mismo"Gli *Elementa iuris civilis* di J.G. Heineccius come modello per le *Instituciones de Derecho romano* di Andrés Bello", en *Andrés Bello y el derecho latinamericano*, Caracas, 1987.

[26] Hennis, Wilhelm. "Sobre la crisis política en la Edad Moderna" en *Humboldt* 48, Munich, 1972.

[27] Conrad, Hermann. *Rechtsstaatliche Bestrebungen im Absolutismus Preussen und Oesterreichs am Ende de 18. Jahrhunderts*, en *Arbeitsgemeinschaft für Forschung des Landes Nordrhein lo anterio-Westfalen*, cuaderno 25, Colonia y Opladen, 1961. Ogris, Werner. "Eine einheitlice Rechtsordnung als Mittlerstaatlicher Einigung- dargestellt am Beispeil der Habsburgermonarchie" en Facultá de Giurisprudenza dell'Università de Bari, *Atti del Congresso internazionale Le nuove frontiere del diritto e il problema de l'unificazione*, Milán, 1979. El mismo "Rechteinheit und Staatsidee in der Donaumonrchie", en Busek, Erhard y Stourzh, Gerald. *Nationale Vielfalt und Gemeinsames Erbe in Mitteleuropa*, München, 1990. Kocher, Gernot. "Die *Vaterländischen Gesetze* oder der Weg zum österrreichishen Recht" en Thieme, Hans. *Festschrift*, Sigmaringen, 1986. Brauneder, Wilhelm. " Das Allgemeine Bürgerliche Gesetzbuch für die gesamten Deutschen Erbländer der österreichischen Monarchie von 1811", en *Gutemberg-Jahrbuch* 62, Mainz, 1987.

generación. Es la gran época de las reformas ilustradas en la Europa y la América de las luces. Publicistas, ministros y monarcas impulsan con fervor trabajos como la codificación del derecho, en Europa central[28], o como obras públicas o la introducción del estanco del tabaco, con espectaculares resultados, en la América española, donde no tardó en convertirse en la mayor de las rentas reales[29].

En el mundo hispánico alcanzaron singular relieve, los portugueses Verney y Pereyra de Figuereido. Verney (1713-1792), cuyo *Verdadeiro Metodo* difundido desde México hasta Ouro Preto, aboga por una reforma universitaria para "ser util a Republica e a Igreja" (1746), los ideales católico y nacional[30]. Figuereido (1725-1797) aboga por un restablecimiento de un pretendido antiguo poder de los príncipes frente a la Iglesia. Sus escritos alcanzaron rápida y sorprendente acogida en la Europa y la América de las luces[31]. Otra figura central de la Ilustración católica es von Martini (1726-1800), catedrático de Viena, consejero de María Teresa, autor del primer Código civil, el *Westgalizisches Gesetzbuch* de 1797, y de unas *Positiones* que tuvieron también amplia resonancia en las universidades de Europa central y del mundo hispánico, por lo menos hasta después de 1840[32].

Mientras tanto en los países de lengua inglesa, Adam Smith (1723-1790), pasa de la creencia en la bondad natural del hombre que gozaba de mucho favor entre sus compatriotas, hablar de la mano invisible que regula la actividad económica. En las colonias inglesas de Norteamérica, destaca un autodidacta, Franklin (1706-1790), tipógrafo, editor, padre de la electricidad y de la Independencia.

Contrapunto de la Ilustración reformadora es la *Enciclopedia* (1751-1766). Obra de diversos autores, entre los que descuellan Rousseau (1712-1778), Diderot (1713-1784) y D' Alembert (1717-1783), constituye un monumental inventario del saber humano, liberado del "lastre" de la Revelación y las tradiciones patrias; en este sentido una verdadera antítesis de esas sumas del saber humano, transmitido y adquirido, reelaborado una y otra vez en la Edad Media. Los enciclopedistas abominan de esos tiempos por su sello cristiano y exaltan, de rechazo, a la Antigüedad grecorromana precristiana. Se oponen abiertamente, tanto a la idea de Dios como a la de patria y proclaman, como exigencia de la razón humana, el ateísmo y el cosmopolitismo. A tono con lo anterior, la obra respira un inconfundible antisemitismo. Siguiendo a Voltaire (1694-1778), así como no admiten un Dios que se ocupe de los hombres, tampoco admiten un pueblo elegido suyo[33]. En suma, el propósito de la *Enciclopedia* es transformar al europeo en un individuo liberado de sus creencias y de su pasado, sometido únicamente a los dictados de su razón, cuyos intér-

[28] Bravo Lira, Bernardino. *El absolutismo ilustrado en Hispanoamérica. Chile 1750-1850*, Santiago, 1994.
[29] Andrade, António Alberto. *Vernei e a culture de seu tempo*, Cimbra 1966. Bravo Lira, nota 22.
[30] Góngora, nota 22. Dos Santos Cándido,"Antonio Pereira de Figuereido, Pombal e a Aufklärung", en *Revista da História das Ideias*, 4, 1.
[31] Cassi, Aldo Andrea. *Il "bravo funzionario" asbugico. Tra absolutismo e Aufklärung. Il pensiero e l'opera di Karl Anton von Martini (1726-1800)*, Milán, 1999.
[32] Gay, nota 21.

pretes son los propios filósofos y autores ilustrados. Aunque prohibida en varios países, la *Enciclopedia* alcanzó gran difusión en la Europa y la América de las luces.

Entre estos autores tuvo singular fortuna Rousseau. Dos tesis suyas alcanzaron gran predicamento durante el siglo XIX: la bondad natural del hombre y el pacto social. La primera, el hombre es bueno por naturaleza y ha sido corrompido por la sociedad. Con ella se opone a la noción cristiana de pecado original la noción racionalista de culpa social, colectiva e impersonal. En consecuencia, sustituye el llamado cristiano a la conversión interior de cada persona, como presupuesto para una efectiva transformación exterior de las instituciones, por la llamada revolucionaria y colectiva a transformar exteriormente las instituciones para cambiar así al hombre.

Estrechamente relacionada con esta transformación exterior de las instituciones, la otra tesis postula que los hombres nacen libres e iguales. De ahí que sea asunto de los propios individuos constituir a la sociedad, mediante un pacto social que garantice su libertad e igualdad bajo el poder de la voluntad general. Con ello se opone a la concepción aristotélica de la naturaleza social del hombre –*zoon politikon*– la concepción racionalista de la naturaleza individual del hombre. La sociedad queda así reducida a una polvareda de individuos y el propio hombre a una cifra o número, insignificante, dentro del conjunto social. En consecuencia, la visión cristiana de una sociedad y de un poder instituidos en sus lineamientos fundamentales por Dios es sustituida por la visión racionalista de una sociedad y de un poder constituidos exclusivamente por los propios individuos humanos, a través de un acuerdo de voluntades o contrato. Se supedita así lo público a lo privado, lo que, en definitiva, lleva a una sociedad sin cabeza ni centro, cuyo destino es ser absorbida por el Estado.

Esta teoría del pacto social es otra de las ideas matrices del constitucionalismo del siglo XIX. Sirve para desahuciar las instituciones históricamente establecidas hasta entonces, por arcaicas y opresoras, contrarias a la libertad e igualdad natural del hombre y para promover el reemplazo de ellas por constituciones escritas, destinadas precisamente a garantizar los derechos de los individuos e instituir un poder cuyo fundamento no venga de arriba –de la gracia de Dios– sino de abajo, de la voluntad general.

DISOCIACIÓN DEL MÁS ACÁ Y DEL MÁS ALLÁ

La *Enciclopedia* marca un hito en el itinerario intelectual del racionalismo. Con ella se pasa de la prescindencia de la Revelación divina y de la tradición humana a su rechazo en nombre de la sola razón. Sobre esta base hace sinónimo lo natural con lo que la razón humana está en condiciones de demostrar sobre Dios, el hombre y la naturaleza[34]. De esta suerte cobra forma una nueva visión del mundo, opuesta a la racional y teológica de raíz griega y cristiana. En ella las humanidades, cada

---

[33] Cassirer, nota 17. Gay, nota 21.

vez más desconectadas de Dios, resbalan hacia el campo de las ciencias exactas.

Se comienza por afirmar la razón natural frente a la razón iluminada por la fe y se exalta a la filosofía y a los propios filósofos como mentores, luces o antorchas de la humanidad. Por lo que toca a Dios, se afirma la religión natural frente a la religión revelada y se exalta el deísmo o ateísmo como exigencia de la razón universal. En lo que hace al hombre, mientras, por una parte, se afirma la moral natural frente a la moral revelada y se exalta la filantropía, el amor a la humanidad como ideal universal, por otra parte, se afirma la sociedad natural frente a la sociedad instituida, fundada en las creencias y en las costumbres que distinguen entre sí a los hombres y a los pueblos y se exalta el estado de naturaleza, la sociedad fundada en el pacto o contrato social y la ley como expresión de voluntad general. Finalmente, se afirma el derecho natural basado en la sola razón frente al derecho establecido, fundando en la Revelación y un Derecho Común romano-canónico, unas costumbres y una legislación del pasado, diversos en cada pueblo. En cambio, exalta los derechos del hombre individual y el contrato como fundamento de las relaciones recíprocas.

Esta exaltación de la naturaleza, tal como la razón humana por sí sola está en condiciones de comprobarla, no puede menos que reducir al hombre a uno dentro de la especie humana: vale decir un individuo dentro del género, numéricamente distinto de los demás, pero con iguales derechos y, por tanto, sujeto a una legislación uniforme impuesta desde arriba. Esto se convertirá, en definitiva, en un ideal constante a lo largo de dos siglos desde el reformismo ilustrado en la segunda mitad del siglo XVIII hasta el constitucionalismo liberal o socialista de los siglos XIX y XX. Tal es la razón de ser de la reducción del derecho a la ley, igual para todos, lo que equivale a estatalizar el derecho. Es decir, deja de ser el *iustum* como tal situado por por encima del Estado, del poder y de los gobernantes para transformarse en *iussum*, cuyo contenido y aplicación entregados a su arbitrio, pueden tornarse inhumanos.

Al aproximarse el fin del siglo el pensamiento racionalista se encamina decididamente de la prescindencia de la Revelación divina y de la tradición humana a su rechazo. Las tensiones entre las dos vertientes de la Ilustración llegan a un punto álgido y ambas se enfrentan, incluso en el campo de batalla. La creencia en el progreso indefinido encuentra sus principales intérpretes en Turgot (1727-81) y Condorcet (1743- 1793), quien, incluso al pie de la guillotina, tuvo ánimo para compo-

---

[34]   Burke, Edmund. *Reflexiones sobre la revolución francesa* (1790), Madrid, 1954. Cobban, A. *Edmund Burke and the Revolt against the Eigtheenth Century* , Londres, 1960. Schmidt-Assmann, Eberhard. *Der Verfassungsbegriff in der deutsche Staatslehere der Aufklärung und der Historismus*, Berlín, 1967.

ner un discurso sobre el poder de la razón para conducir a la humanidad desde las tinieblas del pasado hacia un luminoso futuro de felicidad y perfección siempre en aumento. En tanto que numerosos autores, a ambos lados del Atlántico desde Europa central –Viena y Halle– hasta los confines del mundo hispánico –Coimbra, México y Manila– se alzan contra tales ilusiones y contra los horrores cometidos en Francia, durante la revolución de 1789, bajo el lema *libertad-igualdad-fraternidad*.

El rechazo de la Francia revolucionaria y sus constituciones escritas es general. Mientras bajo el antiguo lema *Dios-patria-rey*, se llevan adelante ambiciosas reformas destinadas a liberar a la religión de abusos y supersticiones y al pueblo de los obstáculos que se oponen a su felicidad, el inglés Edmund Burke (1729-1797), opone en 1790 en sus *Reflexiones sobre la revolución francesa*, un modelo histórico y nacional de constitución, diferente del modelo revolucionario, basado en el individuo y el contrato. Esto bastó para hacer de él, un liberal, un adalid del pensamiento conservador[35]. En el mundo hispánico, las constituciones escritas, merecieron la ironía del español Jovellanos (1744-1811), quien no se privó de reírse de la seguidilla de las mismas en Francia: "constitución que se hizo en pocos días, se contuvo en pocas páginas y duró pocos meses", en tanto que allende el Atlántico, merecieron el desprecio del brasileño Andrada e Silva: "¿No hemos visto tantas veces en Europa que hombres alucinados por principios metafísicos y sin conocimiento de la naturaleza humana, quisieron crear poderes imposibles de sustentar? Vimos los horrores de Francia; sus constituciones apenas hechas y luego destruidas ..."[36].

El enfrentamiento entre estas dos vertientes de la Ilustración desemboca en la derrota de Napoleón en 1815. Vencedor, el emperador Francisco de Austria hace erigir entonces un arco de triunfo en Viena donde se inscribe la sentencia bíblica *iustitia regnorum fundamento*, antítesis de la prepotencia de su antiguo adversario. Algo semejante hace el Papa en un monumento alzado frente a Quirinal, que exalta la fe frente al poder. La Ilustración católica y nacional une, pues, al acento fuertemente crítico y reformador una afirmación de los ideales nacionales, tanto religiosos y profanos, que las guerras napoleónicas no hicieron sino exacerbar.

La época de la Ilustración es la de los grandes códigos en Europa, primero en Austria el ya mencionado Código civil de 1797 (*Westgalizisches Gesetzbuch WGGB*), de von Martini y el Código penal de 1803, de su discípulo von Zeiller, adoptado como modelo en todo el mundo hispánico, a partir del Código del imperio de Brasil de 1830. Les siguen los *cinq codes* franceses, cinco códigos elaborados en siete años, al terminar la revolución, (civil, penal, comercio, procedimiento civil y

---

[35]   Jovellanos, Gaspar Melchor de. "Memoria sobre educación pública..." en Rivadeneyra (editor) *Biblioteca de autores españoles*, vol. 46, 230 ss., la cita en 263. Andrada e Silva, Jose Bonifacio. *Discurso a la Asamblea constituyente, 5 de mayo de 1823* en *Anais de Assamblea Constituinte de 1823*, 1, 53.

[36]   Van Kan, Jean. *Les efforts de codification en France avant la rédaction du Code Civil*, París, 1910. Arnaud, André-Jean. *Origines doctrinelles du còde civil français*. París, 1969. Ewald, Françoise,(ed.). *Naissance du Code civil*, París, 1989 . Halpérin, Jean-Louis. *L'impossible code civil*, París, 1992.

criminal) de gran influencia en Europa y en el mundo hispánico[37]. En estos países la codificación es más tardía y por eso se lleva a cabo bajo el signo de los grandes modelos. Comienza en 1829 con el Código de comercio español y no se completa sino en 1916 con el Código civil brasileño[38].

CODIFICACIÓN Y ESTATALIZACIÓN DEL DERECHO

La codificación transformó el derecho anterior y superior a la razón, fundado en la Revelación o en la tradición y, por tanto, válido por igual para gobernantes y para gobernados, en un derecho legal, emanado del Estado. Es decir, implantó una sumisión incondicionada de los gobernados a la ley impuesta por quien dice mandar en nombre de la razón. Este intento racionalista de liberar a los hombres de sus creencias y de su pasado, que se imponen a la razón en nombre de la Revelación y de la tradición, parece tener en todas partes el mismo precio: sacrificar en alguna medida a los hombres concretos, con sus diversidades y su personalidad histórica, ante un hombre abstracto, propuesto en nombre de la razón por los pensadores de una época inmediatamente anterior e impuesto a la fuerza por los gobernantes del momento[39].

Lo que sucede en el derecho, no es más que el reflejo de lo que ocurre en los demás planos de la vida humana. A medida que avanza el pensamiento racionalista se vuelve cada vez menos razonable. Se le hace cada vez más difícil sostener y fundamentar que nada hay en el mundo superior a una persona, según recuerdan las *Siete Partidas*[40].

En lo que toca a Dios, se le hace cada vez más difícil extrañarse de que su Divinidad traspase los límites del entendimiento humano y prescindir sin más de su Revelación, sin examinar siquiera su contenido, como si otro fuera de Dios mismo pudiera dar noticia de Él mismo. En lo que toca al hombre, se le hace cada vez más difícil reconocer que cada uno, aparte de tener una naturaleza común con los demás es una persona. O sea, que cada hombre singular no puede ser definido tan sólo como un individuo de la especie humana porque el soporte de su naturaleza individual es una persona y, por lo mismo, todo cuanto él tiene es personal: honra, vida, familia, patria, patrimonio.

En suma, el pensamiento racionalista no puede evitar alejarse de la imagen

---

[37]   Bravo Lira, Bernardino y Concha Márquez de la Plata, Sergio (eds.). *Codificación y descodificación en Hispanoamérica*, Vol. I, Santiago, 1998. Guzmán Brito, Alejandro. *La codificación civil en Iberoamérica, Siglos XIX y XX*, Santiago, 2000, ahora ampliado, *Historia de la codificacion civil en Hispanoamérica, s.l.* (Navarra) 2006.

[38]   Bravo Lira, Bernardino. "Metamorfosis de la legalidad. Forma y sentido de un ideal dieciochesco" en *Revista de Derecho Público*, 31-32, Santiago, 1982, ahora en el mismo, *El Juez entre el derecho y la ley, en el mundo hispánico*, Santiago, 2006.

[39]   *Siete Partidas*. 7, 1,26.

[40]   Figuereido, Fidelino. *Las dos Españas*, Santiago, 1936. Maciel de Barros, R. S. *Directizes e bases da educaçao nacional*, Sao Paulo, 1960.

personal del hombre, como alguien único, dueño de sí, para resbalar hacia la imagen individualista del hombre, como uno más dentro de un género, llámese éste la humanidad, como en el siglo XVIII, o la colectividad a que se pertenece: nación, partido político o clase social, como en el siglo XIX. A cada una de estas colectividades corresponde, en términos generales, una fase del Estado constitucional: Estado nacional, Estado parlamentario y Estado totalitario, con las distintas variantes de este último: pluri o monopartidista, socialista internacional o nacional-socialista.

Tercera etapa

APOGEO DEL RACIONALISMO

Visiones monocausales de la historia: la felicidad en la tierra

El siglo XIX histórico no coincide con el cronológico. Comienza en 1815 con el Congreso de Viena, que restableció la paz y el equilibrio europeo, destruidos por las guerras de la Revolución Francesa, y termina en 1914 con la Gran Guerra, como se llamó al primer conflicto mundial. Transcurre dentro de un clima de relativa paz y prosperidad. Al favor de él, se operó en Europa un cambio espectacular: el nacimiento de un nuevo tipo de cultura, urbana e industrial. Con ello se consolida la preponderancia mundial del continente. Símbolo de ella fue el reparto del África en la conferencia de Berlín (1884-1885). Pero esta primacía, cada vez más amplia, se tornó cada vez más superficial, reducida a la técnica, con un débil barniz cultural.

En estas condiciones, el racionalismo llegó a su punto culminante y también al límite de sus posibilidades. El dominio del hombre sobre el mundo, cada vez más efectivo, hizo de la tensión teoría y práctica, un signo de la época. Ella puso a prueba la viabilidad de los ideales y planteamientos racionalistas.

Esta situación es nueva. Si en el siglo anterior se había pasado sin mayores trastornos de la formulación de un criterio de certeza a su aplicación en el plano intelectual, es decir, a un revisionismo crítico, ahora el tránsito del revisionismo a sus aplicaciones concretas, no se hizo sin rupturas y trastornos, a veces duraderos. Pasar más allá de los discursos dieciochescos sobre cómo rehacer el mundo a la tarea concreta de transformarlo según los dictados de la razón humana, no pudo menos que provocar un choque entre el ideario racionalista y los hombres y las instituciones establecidas.

Comparadas con las reformas, más o menos ambiciosas, del siglo XVIII, las transformaciones decimonónicas, son de orden completamente distinto. De ahí que, despertaran oposiciones y resistencias más profundas y enconadas. En este sentido, el mismo empuje de un racionalismo seguro de sí, condujo a una suerte de divorcio entre país ideal y país real, que se opusieron entre sí, se separaron como dos placas tectónicas, en constante fricción. En atención a ello, el portugués Figuereido, habló de las *dos Españas* y el brasileño Maciel de Barros de *os dois Brasil*[41].

Esta ambivalencia puso en tela de juicio la creencia racionalista de que progreso material y progreso moral iban naturalmente unidos. Nadie lo vio mejor que Hegel. La historia supone un constante enfrentamiento entre los hechos y la teoría. Hegel creyó poder zanjarlo en favor de la teoría: si los hechos no se ajustan a la teoría, tanto peor para los hechos. Su gran sistema de pensamiento racionalista, el idealismo absoluto, descansa en esta superioridad del espíritu sobre la materia. Para él la historia no es, en último término, más que el despliegue de una idea, la idea del Estado. Por esta vía, transforma la creencia genérica en el progreso indefinido, en una sucesión concreta de épocas históricas concretas, que desembocan en la felicidad de la humanidad en la tierra. Detrás suyo vinieron Comte y Marx que mantuvieron este esquema tripartito, pero a partir, no del espíritu, sino de la sociedad o de la materia.

Estos grandes sistemas derivan en alguna forma de Kant (1724-1804) y de su divorcio entre el conocer y el ser. Con ello abrió el camino al idealismo de Hegel y, a través de él, al positivismo de Comte y el materialismo de Marx. Estos dos últimos conciden con Hegel en reducir toda la realidad a un solo principio, llamado idea por Hegel, materia por Marx o sociedad por Comte.

Hegel (1770-1831) es el fundador del idealismo dialéctico absoluto. Según él, la razón demuestra que, en último término, todo lo real se reduce a diversas formas de una única idea, el Espíritu absoluto, en perpetuo despliegue dialéctico: a la tesis o ser, afirmación de la idea, sigue necesariamente una antítesis o nada, negación de la idea, y a ésta, la síntesis o devenir, que supera e incluye la afirmación y negación anteriores en un todo pleno, completo, el cual es, a su vez, punto de partida o tesis para un nuevo proceso dialéctico.

Para Hegel esta tríada tiene su máxima expresión en el dogma cristiano de la Santísima Trinidad. A partir de ella, acometió la tarea de abarcar toda la realidad en una sola cosmovisión. Esta visión del mundo hegeliana culmina, en cierto modo, en su exposición de la historia humana como despliegue dialéctico de la idea de Estado. Allí la tesis es el Estado oriental, donde sólo es libre el gobernante y los demás son súbditos; la antítesis, la ciudad-Estado griega, donde son libres los ciudadanos y los demás simples elementos pasivos, y la síntesis, el Estado germánico-cristiano, dentro del cual se sitúa el propio Hegel, donde todos son libres y ciudadanos. Estas tres fases históricas se suceden necesariamente y en este mismo orden, de suerte que al hombre no le cabe otra cosa que colaborar a su realización[42].

El positivismo sociológico de Comte depende de Hegel, en cuanto se propone

---

[41]   Hegel, Jorge Federico. *Lecciones sobre filosofía de la historia*, (1837) en sus *Obras*, Francfort, 1970.

oponer una réplica al idealismo absoluto. Es, pues, también un intento de abrazar toda la realidad dentro de una sola gran visión y termina asimismo en una interpretación de la historia universal. Según Comte (1798-1857), el pasado, el presente y el futuro de la humanidad transcurren bajo la ley de los tres estadios, que abarcan la vida del espíritu desde sus orígenes hasta su final. Primero viene el estadio teológico que se extiende hasta la antigüedad grecorromana, durante el cual el hombre, aplastado por la grandeza del mundo exterior, busca una explicación del mismo a través de fuerzas ultraterrenas o divinas, lo que cimienta el predominio de la teología. Enseguida, sobreviene el estado metafísico, que se inicia con el cristianismo, durante el cual el hombre busca una explicación abstracta para lo que le rodea, lo que fundamenta el predominio de la filosofía. Finalmente, la historia culmina en el estado positivo cuyo fundador es el propio Comte, en el que el hombre cesa de preguntarse por las causas o el por qué de las cosas y se pregunta sólo por el cómo, por los hechos positivos. Sobre esa base se asienta el predominio de la sociología, ciencia creada por Comte mismo y abre una etapa de orden y progreso que pone fin a los trastornos de la Revolución Francesa y las guerras napoleónicas[43].

Por último, el materialismo dialéctico o histórico de Marx (1818-1883) representa, como él mismo reconoce, una inversión del sistema hegeliano. Al igual que su maestro, Marx niega la distinción entre espíritu y materia, pero en lugar de afirmar que lo único real es el Espíritu absoluto en perpetuo despliegue dialéctico, afirma que lo único real es la materia, a la que, sin embargo, atribuye las propiedades del espíritu –en rigor la omnisciencia y la omnipotencia de la divinidad misma– y, en consecuencia, la supone también en perpetua actividad, bajo la forma de un despliegue dialéctico.

Marx se opone también a Comte, en cuanto para él la gran cuestión contemporánea no son los trastornos derivados de la Revolución Francesa y las guerras napoleónicas, sino las trasformaciones derivadas del maquinismo y la aparición del proletariado industrial, esa gran masa de trabajadores manuales que vegetan en condiciones inhumanas sin otro haber que su prole. En consecuencia, Marx propone, a su vez, como culminación de su sistema, una nueva interpretación de la historia, articulada, como las anteriores, en tres etapas fundamentales, pero sobre la base de las relaciones económicas de producción. Todo lo demás, la religión, el arte, la filosofía, la ciencia, el derecho no son, según Marx, sino superestructuras derivadas de esas relaciones de producción.

---

[42]   Comte, Auguste. *Curso de Filosofía Positiva*. París, 1830-42. El mismo, *Sistema de Filosofía positiva*, París, 1851-1854.

[43]   Bochensky, J.M. *El materialismo dialéctico*, trad. castellana, Madrid, 1956. Ibañez Langlois, J.M. *Marxismo: visión crítica*, Santiago, 1981. El mismo autor, *Síntesis crítica del marxismo leninismo*, Santiago, 1981. También vid. Moreno Valencia, Fernando. *La herencia doctrinal y política de Marx*, Santiago, 1979. Una visión sucinta en Ocariz, Fernando. *El marxismo. Teoría y práctica de una revolución*, Santiago, 1985.

Atendiendo a este factor determinante, el acontecimiento central de la historia humana es la invención de la propiedad privada. La tesis en el proceso dialéctico de la historia es la sociedad primitiva anterior a la propiedad privada; la antítesis, la sociedad de clases fundada sobre la propiedad privada, que opone a los hombres en una lucha inevitable y sin cuartel entre la clase explotadora de los propietarios y la clase explotada, de los proletarios; y la síntesis será una sociedad sin clases, cuyo advenimiento pronostica Marx a través de una revolución mundial del proletariado, que acabará con la propiedad privada de los medios de producción y, por tanto, con la clase explotadora y con la explotación del hombre por el hombre, para inaugurar una era definitiva fundada en la propiedad colectiva de esos medios de producción y la consiguiente abolición de las clases sociales y el Estado[44].

En el fondo, estos tres grandes sistemas no son más que explicitaciones del curso histórico que sigue el progreso indefinido. Todos adoptan el esquema tripartito de Joaquín de Fiore, que tiene la fuerza de encuadrar al presente entre el pasado y el futuro. Para Hegel ese final de la historia advendrá por obra del Estado, en tanto que para Comte será por obra de la sociedad y para Marx de la economía. Los tres afirman saber por anticipado el desenlace de la historia de la humanidad y lo identifican con su propio triunfo. Su poder de atracción, una verdadera fascinación, radica más que en una fundamentación racional en esta

[44] Sobre la génesis y sentido de la contraposición Estado-sociedad, Brunner, Otto. *Land und Herrschaft* (1939), Viena 1965[5]. Schieder, Theodor. *Staat und Gesellschaft im Wandel unser Zeit*, Munich, 1958. Schmitt, Carl. "Der Gegensatz von Gemeinschaft und Gesellschaft als Beispiel einer zweigliechenen Unterscheidung", en Legaz y Lacambra, Luis. *Estudios jurídico-sociales*. Homenaje a Santiago de Compostela, 1960. Ehmke, Horst. "Staat und Gesellschaft des Verfassung-theoretisch Problem" en Smend, Rudolf. *Festschrift*, Tubinga, 1962. Conze, Werner (ed.). "Staat und Gesellschaft in deutschen Vormaerz", Stuttgart, 1962, con estudios de varios especialistas. Angerman, Erich (ed.). "Das Auseinandertreten von Staat und Gesellschaft im Denken des 18 Jahrhundert" en *Zeitschrift für Politik* 10, 1963, ahora en Bökenförde, Ernst Wolfgang (ed.). *Staat und Gesellschaft*, Darmstadt, 1976, con trabajos de diversos especialistas. El mismo "Lorenz von Stein als Theoretiker der Bewegung von Staat und Gesellchaft zum Sozialstaat" en Brunner, Otto. *Festschrift*, 1963. El mismo, "Die Bedeutung der Unterschied von Staat und Gesellschaft im demokratischen Sozialstaat der Gegenwart" en Hefermehl, Wolfgang, *Festgabe*, Stuttgart, 1972, ahora ambos en el mismo, *Recht, Staat, Freiheit*, Francfort, 1991. Riedel, M. *Bürgerliche Gessellschaft und Staat bei Hegel*, Neuwied, 1970. Bobbio, Norberto. *Società e Stato, de Hobbes a Marx*, Turín, 1973. García-Pelayo, Manuel. "La organización de intereses y la teoría constitucional" en *Politeia* 4, 1975, ahora en, el mismo, *Las transformaciones del Estado contemporáneo*, Madrid, 1977. Engelhardt, Ulrich y otros (editores). *Soziale Bewegung und politische Verfassung*, Stuttgart, 1976, Quaritsch, Helmut (ed..), "Von ständischen Gesellschaft zur bürgerlichen Gleichheit" en *Der Staat* 4, Berlín, 1980, con trabajos de varios especialistas. Hespanha, Antonio Manuel. "Poder e instituiçoes na Europa do Antigo Regime", Lisboa, 1984. Koslowski, Stefan. *Die Geburt des Sozialstaates aus dem Geist des deutschen Idealismus. Person und Gemeinschaft bei Lorenz von Stein*, Wenheim, 1989. Para Chile, Bravo Lira, Bernardino. "Comunidad política y representación del pueblo en Chile. De la conquista a la ilustración" 1541-1760 en *Revista de Estudios Histórico-Jurídicos* 14, 1991. El mismo, "Ilustración y representación del pueblo en Chile 1760-1860" en *Política* 27, Santiago, 1991. El mismo, "Sociedad de clases y representación electoral en Chile 1860-1924" en *Revista Chilena de Derecho* 18, Santiago, 1991.

suerte de revelación secularizada o esperanza racional substituto de la esperanza cristiana. A la luz de ella, el pasado es interpretado como una preparación
remota y el presente como introducción inmediata a la edad de oro, que advendrá en forma inminente y necesaria, como recapitulación de todo lo sucedido
desde el principio de los tiempos. En virtud de esta visión de los últimos tiempos, cada uno de estos sistemas se autoerige en sucedáneo de la religión, hasta
el punto de exigir de los hombres una sumisión incondicional, más estricta que
la religiosa, pues para él no hay distinción, interpretan entre las esferas de lo
sacro y lo profano.

De esta manera, el rechazo de la Revelación divina, en nombre de la razón, del
siglo XVIII, desemboca en el siglo XIX en una divinización del Estado por el idealismo hegeliano o de la sociedad por el positivismo comtiano o de la materia y de su
expresión, el proletariado, por el materialismo marxista. Endiosados, Estado, sociedad, proletariado, vienen a ocupar el lugar de un salvador, sea de la esclavitud,
sea de la ignorancia, sea de la explotación.

Una cosa es el endiosamiento del Estado por los pensadores y otra la demolición
efectiva de las limitaciones a su poder mediante otros poderes –supremos y me-
nores– diferentes al suyo. Este fue el gran escollo con que tropezó en Europa e
Iberoamérica el ideal político de la Ilustración, al querer eliminar esos grupos y poderes que se interponían entre el Estado y las personas, y reducir el pueblo a una
suma de individuos iguales entre sí y con los mismos derechos. Esta construcción
teórica del racionalismo no pudo menos que chocar con la constitución histórica
de cada pueblo, plasmada sobre una multiplicidad de grupos y poderes, que limi-
taban la acción del Estado y protegían a las personas frente a él.

No fue fácil demoler esta constitución varias veces centenaria, e implantar en
su lugar otra que se suponía mejor, cortada según los patrones de Montesquieu
y de Rousseau. Cambiar una constitución histórica por otra de papel, equivalía
a reemplazar el Estado jurisdiccional, vigente desde hacía siglos con su multiplicidad de poderes, por un Estado individualista, donde un poder único –cuyo
ejercicio se dividía entre los tres poderes clásicos–, no tenía delante de sí más que
una masa de individuos aislados e indefensos, que forman la llamada sociedad
civil *sine imperio*[45]. Según explica Hespanha "la progresiva expropiación de los
poderes políticos de entidades superiores (papado, imperio) o inferiores (señoríos, ciudades, corporaciones, familias) permite al Estado transformarse en una
entidad monopolizadora del poder político, contrapuesta a una sociedad expro-
piada de ese poder, sociedad civil[46]".

De este modo, lo público y lo privado se separaron como dos esferas, una esta-
tal, regida por la ley, y otra individual, regida por el contrato, el dualismo. Tal es el
origen de la contraposición de Estado y sociedad en las constituciones y códigos

del siglo XIX, antesala del totalitarismo duro y blando del siglo XX, donde, eliminada la trama de poderes intermedios, los individuos quedan solos e indefensos frente al poder[47].

El primero en enfrentar este choque de las dos constituciones fue el idealismo hegeliano. Su grandioso intento de reconciliar los sistemas antagónicos de los pensadores anteriores no tardó en ser abandonado. La exaltación del Estado persistió, pero bajo dos formas opuestas, de los llamados hegelianos de derecha y de izquierda. Para Hegel mismo el Estado es motor y promotor de la libertad en la historia. La constitución "es algo que existe por sí y que está por encima de las cosas fabricadas" y "la corporación constituye la segunda raíz moral del Estado, después del núcleo familiar". Los "miembros de la sociedad civil se hacen miembros de alguna corporación, conforme a sus especiales aptitudes"[48].

Entre sus seguidores se perfilaron dos interpretaciones. Una teológica y política, conservadora, como la de Lorenz von Stein (1815-1890) quien vio en el Estado el instrumento de la libertad. En manos de la monarquía, interviene en las luchas sociales para elevar a los sectores inferiores de la población. La otra interpretación, atea y violenta, revolucionaria, como la de Karl Marx (1818-1883), que vio, por el contrario, en el Estado un instrumento de represión en manos de los poderosos, del cual el proletariado no podría liberarse sino mediante la revolución.

Ambos atienden al mismo criterio, a saber, en manos de quien se encuentra el Estado: o bien de un monarca, situado por encima de los más poderosos y en condiciones de proteger frente a ellos a los más débiles, o bien en manos de una clase dominante –minoría, partidos, grupos– que se sirve de él para explotar a los más desvalidos. Según eso, el papel del Estado será, como recuerda Stein, solucionar los problemas sociales, mediante la elevación de los sectores inferiores[49] o, por el contrario, como sostiene Marx, para liberar a los oprimidos, no habrá otra salida posible, que eliminar el Estado y las clases sociales, mediante la revolución ni otra manera de contribuir a ella que acentuar lo que llamo contradicciones sociales, a fin de acelerar la revolución[50].

El caso del marxismo es muy distinto al idealismo y al positivismo. Ya hemos visto que en lugar de acudir al Estado y los cuerpos intermedios a fin de proteger a los más débiles, apeló a la revolución para acabar con el Estado. Pero sólo alcanzó

---

[45]   Hespanha, nota 46.

[46]   Reinhard, Wolfgang. *Geschichte der Staatsgewalt. Eine vergleichende Verfassungsgeschichte Europas von den Anfänngen bis zur Gegenwart*, Munich, 1998. Tocqueville, Alexis del'*Ancien Régime et la Révolution* (1856), Madrid, 2005.

[47]   Hegel, Jorge Federico. *Grundlinen der Philosophie des Rechtes*, 1821, en sus *Obras*, Francfort, 1970, 273, 439; -251, 394 ; -255, 396.

[48]   Stein, Lorenz von. *Geschichte der sozialen Bewegung in Frankreich von 1789 bis auf unsere Tage*. 3 vols. Leipzig, 1850, hay nueva edición, Darmstadt, 1972. Bökenförde nota 46. García Pelayo, Manuel. "La teoría de la sociedad en Lorenz von Stein", en *Revista de Estudios Políticos*, 47---, ahora en el mismo, *Transformaciones…* nota 47.

su verdadera significación en el siglo XX, por una vía completamente original, la de capturar un Estado. Con ello inauguró el Estado totalitario, nueva forma de Estado individualista, que terminó por prevalecer en el siglo XX.

Estado jurisdiccional y Estado individualista

Entre estas dos posiciones, primó en Europa y en Iberoamérica, a lo largo del siglo XIX, la favorable a un Estado formado por múltiples poderes y grupos en oposición al Estado reducido a una suma de individuos y a la dualidad Estado-sociedad. Esta fue una constante en la que coincidían liberales y conservadores, hegelianos y positivistas. Su convergencia no es casual. Desde luego, una comunidad organizada era más realista que la suma de individualismo de los ilustrados. Guardaba mayor consonancia con la situación y mentalidad de estos pueblos. Para empezar, no tienen conciencia cívica. Para ellos lo primario es disponer de lo propio, no meterse en lo ajeno. No les interesa mayormente participar en el gobierno y sí les interesa vitalmente que el gobierno no intervenga en lo suyo. En este sentido, la representación política opera de abajo a arriba, como mecanismo para exigir lo propio al gobierno, y no a la inversa, de arriba abajo, como mecanismo para que el gobierno, que se llama representativo, despoje de todo o parte de lo suyo –libertad, bienes y demás– a los llamados representados.

La cuestión fue mucho más candente de lo que parece. Basta remitirse a la comparación entre la libertad de los antiguos y de los modernos que esboza en esta época Benjamín Constant[51]. Los hispanos no quieren ni oir hablar de cambiar algo real como es su propio ámbito de disposición por algo tan teórico como participar en la cosa pública, es decir ir a meterse en asuntos de otros. Bello lo dice con todas sus palabras: los derechos políticos, otorgados en las constituciones escritas, son infinitamente menos interesantes para ellos que los propios bienes de que han gozado sin esos textos: honra, vida y hacienda, según la clásica trilogía[52]. Esta mentalidad cuadra con el Estado jurisdiccional, limitado de múltiples maneras, por el derecho y por los derechos, *iura et privilegia*, de los estamentos, cuerpos y grupos. En cambio, es inconciliable con un Estado individualista cuyos ciudadanos, según puntualiza Constant, en el mejor de lo casos, participan teóricamente en el gobierno y, por ese solo hecho, quedan obligados a someterse en todo lo que él haga. No es raro, pues, que el sentir y la práctica hispánica, se resistieran a morir y se las

[49]   Marx, Karl. *Kritik des Hegelschen Staatrechts,* 1843.

[50]   Constant-Rebecque, Benjamin de. "La liberté des antique comprée a la liberté de modernes" (1819), en el mismo *Ecrits et discours politiques,* París, 1954.

[51]   Bello, Andrés. "Responsabilidad de los jueces" en *El Araucano* 305, Santiago, 1836, ahora en sus *Obras Completas,* 15 vols., Santiago, 1881-1993. Bravo Lira, Bernardino. "*Honor, vida y hacienda.* Estado de derecho en el mundo hispánico (siglos XVI a XXI). Contrastes con el *rule of law* inglés y el *règne de la loi* ilustrado", en *Revista de Derecho Público* 67, Santiago, 2005.

arreglaran para pervivir por las vías de hecho y de derecho más inesperadas. Así al lado de un país legal, de las constituciones y de los ciudadanos, prosperó el país real, de las instituciones y las costumbres.

En Europa y en Iberoamérica, ese país real encontró amplio respaldo frente al país legal. Entre los autores de mayor resonancia están el alemán Krause (1781-1832) y el hispanoamericano Bello (1781-1865). Nacidos el mismo año, el uno en Eisenberg y el otro en Caracas, tuvieron un modo de pensar similar. Los dos fueron maestros por excelencia y en torno a ellos se formaron varias generaciones de discípulos, singularmente fieles a sus enseñanzas. Su actitud abierta, concilia sin dificultad lo nuevo y el pasado.

Andrés Bello fue en su tiempo la primera figura intelectual del mundo hispánico. Compuso unos *Principios de derecho internacional americano*, una *Gramática castellana* destinada al uso de los americanos y codificó el Derecho civil vigente en estos países[53]. En su discurso inaugural de la Universidad de Chile, después de ocuparse de la armonía entre Revelación y razón, hizo un llamado a la independencia de pensamiento: "jóvenes chilenos, aprended a juzgar por vosotros mismos, aspirad a la independencia de pensamiento. Esta es la primera filosofía que debemos aprender de Europa"[54]. A tono con la mentalidad hispánica, contrapuso los *bienes* que tienen las personas *por ser hombres*, –honor, vida y hacienda– a los *derechos* que les son otorgados por la constitución escrita, como el sufragio que, en cambio, les son incomparablemente menos valiosos[55].

El principal sostenedor de la concepción orgánica de la comunidad a uno y otro lado del Atlántico fue Enrique Ahrens (1808-1884), discípulo de Krause, catedrático en diversas Universidades europeas, vastamente conocido en el mundo hispánico. En su obra fundamental *Curso de Derecho Natural*, la expone de modo opuesto al racionalista de la Ilustración[56]. Rechaza la absorción de la sociedad por el Estado, sostiene que los cuerpos sociales intermedios son primarios y el Estado

---

[52] Salvat Monguillot, Manuel. *"Vida de Bello"* en *Vida y Obra de Andrés Bello*, Santiago, 1971, S. ff.; Ávila Martel, Alamiro. *Andrés Bello, breve ensayo sobre su vida y obras*, Santiago, 1981. Hanisch Espíndola, Hugo, *Andrés Bello y su obra en derecho romano*, Santiago, l983. Murillo Rubiera, Fernando. *Andrés Bello. Histora de una vida y de una obra*, Caracas, 1986. Sobre su significación, Steger, Hanns-Albert. *Die Universitäten in der gesellscichen Entwicklung Lateinamerikas*, Bielefeld, 1967-1968. El mismo "Hochschulplannung in Lateinamerika" en *Zeitschrift fuer Lateinamerika-Wien*, Wien, 1971. El mismo "Die Bedeutung des römischen Rechtes für die Lateinamerikanische Universität im 19 und 20 Jahrhundert", in Catalano, Pierangelo (ed.). *Diritto romano e Universitá nell'America Latina*, Universitá de Sassari, Sassari, 1973. Bravo Lira, Bernardino. "Universidad y Modernidad en Hispanoamérica. Autoafirmación de Chile y del Nuevo Mundo frente al Viejo, del Barroco a la Postmodernidad", en *Boletín de la Academia Chilena de la Historia* 108-109, Santiago, 2000. El mismo "Cultura de abogados en Hispanoamérica, antes y después de la codificación (1750-1920)" in *Roma e America. Diritto romano comune* 12, Modena, 2001 .

[53] Bello, Andrés. "Discurso de instalación de la Universidad de Chile", Santiago 17 de septiembre de 1843, en *Anales de la Universidad de Chile*, Santiago, 1843-1844. El mismo "Modo de estudiar la historia" Santiago, 1848, ahora en sus *Obras Completas*, nota 53.

[54] Bello, nota 53.

subsidiario. "El autogobierno es aplicable a todas las esferas de la actividad humana. El Estado no debe inmiscuirse jamás en la actividad que las diversas esferas ejercen para su fin propio". No obstante, retiene en cierto modo la idea ilustrada de buen gobierno: el papel del Estado no se reduce a proteger a los ciudadanos, sino que debe hacer al bien[57]. Además, destaca con calor la ventaja de la monarquía como soporte del Estado "por su posición eminente para procurar el bien común y (porque) refleja la unidad, la permanencia y la conservación del Estado"[58]. En definitiva, para Ahrens, el Estado es un poder más, en medio de otros poderes, lo mismo que en el Estado jurisdiccional, su papel es semejante al del gobierno ilustrado.

Dos constituciones

En el siglo XVIII se despierta el interés por la constitución histórica de los distintos países europeos, Inglaterra, Francia, Portugal. Las monarquías múltiples española y austriaca, los Estados alemanes, Venecia y demás. Pero la bibliografía no pasó en general de descripciones, comentarios, comparaciones y teorías[59]. En el siglo XIX, en cambio, la constitución se convierte en problema. Frente a la histórica, vigente en cada país, aparece la escrita, ideada según un molde cosmopolita, tomado de autores como Montesquieu y Rousseau.

Un rápido vistazo comparativo, muestra distintas maneras de conflicto entre las dos constituciones. En cierto modo parecen corresponder a las vertientes que se advierten en la Ilustración.

En algunos casos, como el de Inglaterra o de Hungría, se evitó conflicto. Se renovó la antigua constitución jurisdiccional, sin hacer ninguna constitución escrita. Es decir, estos países no necesitaron de ella para convertirse en modernos. Lo que

[55] Ahrens, Heinrich. *Cours de Droit Nnaturel*, Bruselas, 1839, cito ed. castellana, París, 1880, 81.
[56] Id. 141 y 145, 55-56.
[57] Id. 3, 339.
[58] Schmidt Assman, Eberhard. *Der Verfassungsberiff in der deutsche Staatslehere der Aufklärung und der Historismus,*Berlín, 1967. Mohnhaup, Heinz, y Grimm Dieter. *Verfassung, Zur Geschichte des Begriffs von der Antike bis zur Gegenwart*, Berlín, 1995.
[59] Acerca del *Scheinkonstitutionalismus*, Hattenauer, Hans. *Die geistesgeschichtliche Grundlagen des deutschen Rechtes: zwischen Hierarchie und Demokratie*, Heildelberg, 1980, trad. castellana, Madrid, 1981; Von Sbrk Ritter, Henrich. *Deutsche Einheit. Idee und Wircklichkeit von Heiligen Reich bis Koenigsgraetz*, 4 vols.,1935-1941,3; Böckenförde, Ernst-Wolfgang. *Der Verfassungstyp der deutsche konstitutionelle Monarchie in 19. Jahrhundert*, Stuttgart, 1977; Huber, Ernst-Rudolf. *Deutsche Verfassungsgeschichte seit 1789*,8 vols., Stuttgart-Berlín-Colonia, 1991,1, pp. 89-91 y 120; 4, pp. 131ss y 332. Para Austria, 3, pp. 381-382. En Prusia, Gruenthal,Guenter. "Grundlage konstitutioneller Regiment in Preussen 1848-1867" en Ritter, Gerhard A. (ed.). *Regierung, Beaurokratie und Parlament in Preussen und Deutschland von 1848 bis zum Gegenwart*, Bonn, 1983, pp. 42 ss; Willoweit, Dietmar, *Deutsche Verfassunngsgeschichte*, Munich, 1991, 1992. Bravo Lira Bernardino. "Portales y el *Scheinkonstitutionalismus* en Hispanoamérica", en *Ciudad de los Césares* 31, Santiago, 1993. El mismo "Entre dos constituciones, histórica y escrita. Scheinkonstitutionalismus en España, Portugal e Hispanoamérica" en *Quaderni Fiorentini per la storia del pensiero giuridico moderno*, 27, Milán, 1998.

guarda consonancia con la Ilustración inglesa y su inclinación a hacer reformas sin comprometer la estabilidad del país. La antítesis fue Francia, que por más de dos siglos, desde 1791 hasta 1958, vivió cambiando constituciones, gobiernos, formas gobierno y regímenes en un intento, una y otra vez fracasado, de reemplazar la constitución jurisdiccional por una escrita. Esta experiencia cuadra con la Ilustración revolucionaria.

La solución, tal vez más rica y menos estudiada es el *Scheinkonstitutionalismus* en Europa central e Iberoamérica[60], que claramente responde a la Ilustración católica y nacional. Se pueden imitar muchas cosas, siempre que no comprometan ni a la Iglesia ni a la patria. En estos países se dictaron constituciones escritas, pero no por eso se removió la constitución jurisdiccional. En este sentido se habla de modernización tradicional, moderada por los sectores dirigentes[61]. Los modos de arreglárselas fueron múltiples. A veces simplemente no se tomó en serio la constitución escrita y otras veces estos textos dejaron más o menos intactas las instituciones vigentes. De una u otra forma la constitución escrita no pasó de ser una fachada al gusto de la época –con separación de poderes y garantías– tras la cual subsistieron las propias instituciones. Se combinaron, por ejemplo, las innovaciones antedichas con la subsistencia de los dos poderes supremos, Estado e Iglesia y la introducción del parlamento con la monocracia gubernativa, sostenida por instituciones antiguas como ministerios e intendencias. Al modelo ilustrado de constitución escrita, se sobreañadieron en el mundo hispánico toda suerte de instituciones y elementos propios.

De hecho, ellas constituyeron la parte más sólida y estable del Estado, sobre la cual pudieron asentarse las novedades introducidas por la constitución escrita. Los más logrados ejemplos de *Scheinkonstitutionalismus* fueron Austria y los Estados alemanes, en Europa, Brasil y Chile en Iberoamérica, a los que se agregaron posteriormente Argentina y México.

El resto del mundo hispánico, parece debatirse entre una constitución jurisdiccional que se resiste a morir y una seguidilla de constituciones escritas al estilo de Francia, que pasan sin echar raíces.

Cuarta etapa

AGONÍA DEL RACIONALISMO

Mundo sin Dios: vuelta a las visiones multicausales

El siglo XIX terminó en una apoteosis del poder del hombre para dominar el mundo. Nunca como entonces pareció tan próxima a alcanzarse la meta propuesta por Comte, hacerse cada vez más ricos, más poderosos, más felices. El siglo XX, en

---

[60] Unger, Roberto Mangabeira. *Law in Modern Society. Toward a Criticism of Social Theory*, Nueva York, 1975. Trazegnies, Fernando de. *La idea del derecho en el Perú republicano del siglo XIX*, Lima, 1992.
[61] Lyotard, Jean François. *La Condición Postmoderna* (1979), Madrid, 1984.

cambio, acabó en un abismo, que enterró las ilusiones de la Ilustración bajo la lápida de los metarrelatos[62]. La centuria tiene mucho de fin de una época. De hecho, vio sucederse el fin de los imperios[63] y el derrumbe del liberalismo después de la Primera Guerra Mundial[64], el fin de la preponderancia mundial de Europa y la partición del mundo entre dos superpotencias, los Estados Unidos y la Unión Soviética tras la Segunda Guerra y, como si esto fuera poco, el derrumbe de la propia Unión Soviética y del socialismo desde los años 1990, que dejó paso a los Estados Unidos, como única superpotencia, y su increíble indiferencia frente al derecho[65].

Nos hallamos, pues, ante un cambio de escenario. En medio de tantas catástrofes, se desvaneció la creencia en el poder de la razón humana para rehacer el mundo y el sueño de un progreso indefinido de la Humanidad por obra suya. Murió así la modernidad antropocéntrica y se produjo bruscamente el *Wende*, esto es, el vuelco hacia una postmodernidad, de contornos todavía inciertos.

El ocaso del racionalismo está lleno de contradicciones. Es, a la vez, una época creadora y destructiva. Los avances son impresionantes, pero también lo son los problemas que traen consigo: ecológicos, demográficos, psicológicos, morales, económicos, sociales, religiosos. Algunos se vuelven insolubles. En este sentido, se habla de decadencia como redondamente lo hace Spengler[66] o de los desafíos pendientes, como más cautamente lo hace Toynbee[67], de cultura de la muerte o autodestrucción. El lenguaje de estas nuevas visiones de la historia es significativo. Se vuelve cauteloso. Deja atrás el tono triunfal de Hegel, Comte y Marx. Relega al pasado su interpretación monocausal de la historia.

Un somero examen de la situación mundial en el siglo XX revela que estamos ante una pérdida del centro. Junto a un incremento sin precedentes de la prosperidad

[62] Bravo Lira, Bernardino. "El fin del imperio austro-húngaro, fin de una época en la historia mundial" en *Anales del Instituto de Chile*, Santiago, 1988.

[63] Nolte, Ernst. *Die Krise des liberalen Systems und die Fachistische Bewegungen*, Munich, 1968, trad. castellana, Barcelona, 1971. García Pelayo, *transformaciones...*, nota 46.

[64] En octubre de 1989 se autorizó al FBI –Oficina Federal de Investigaciones– para apresar, sin autorización del país respectivo, a cualquier persona, de cualquier nacionalidad, en cualquier parte del mundo. Con ello se legalizó la caza del hombre por la CIA, algo que los países civilizados tenían por inconfesable. Se puso así a los hombres por debajo de las fieras, que no pueden cazarse en territorio ajeno. Bravo Lira, Bernardino. *Poder y respeto a las personas en Iberoamérica. Siglos XVI a XX*, Valparaíso, 1989. El mismo *"Kraft im Recht*. Europa e Iberoamérica frente a la violencia en el mundo de los Estados tras el *Wende"* en *Staat und Politik. Beiträge aus Politischer Wissenschaft und Politischer Bildung*, Baden Baden, 2003. El mismo*"Fiat iustitia ne pereat mundus. El derecho frente a la globalización de la violencia"* en Losano, Mario y Muñoz Conde, Francisco. *El derecho ante la globalización y el terrorismo. Cedant arma togae"*, Valencia, 2004.

[65] Spengler, Osvaldo. *Decadencia de Occidente*, 2 vols, 1918-1922.

[66] Toynbee, Arnoldo. *Estudio de la Historia*, 12 vols, 1934-1961.

[67] Sombart, Werner. *Von Menschen Vesuch einer Geistwissenschaftlichen Antropologie*, 1938.

material, se produce una descristianización masiva, también sin precedentes. Se rompe así el equilibrio interior y exterior de la persona. Manifestaciones de ello son la vulgarización del lenguaje y las costumbres, del pensamiento y de la religiosidad. En una palabra, un rebajamiento de la persona. Correlato de él son, como señaló Sombart, la falta de aprecio por la vida y la baja de la natalidad[68], preludio de la extinción del mundo civilizado.

De hecho, Europa pierde su preponderancia mundial. La superioridad espiritual, degenera en cultural y termina en meramente técnica. Entonces su relación con el resto del mundo se invierte. Si antes la emigración europea llevaba su espíritu a otros continentes, ahora no europeos afluyen por millones a Europa, turcos, árabes, chinos, marroquíes, tailandeses. Al mismo tiempo, Europa y los Estados Unidos imponen en el resto del mundo métodos destinados a frenar el crecimiento demográfico. Sin razones para vivir, tampoco las hay para perpetuarse en los hijos.

Lo singular de este hundimiento es que, al igual que el engrandecimiento viene de dentro y de arriba. Lo que evoca esa la deserción de los letrados denunciada por Julián Benda[69]. Tiene su foco en los pueblos más avanzados y dentro de ellos, en los núcleos dirigentes. Los pueblos más prósperos y poderosos, que se hallan a la cabeza de los adelantos científicos y técnicos se empobrecen moralmente y ejercen una influencia corrosiva sobre el resto del mundo. Esta decadencia no viene de abajo, de las grandes mayorías, menos cultas, marginales y menos acomodadas, sino de la propia minoría dirigente, del sector más cultivado de las urbes mundiales que, de este modo, arruina su prestigio y su papel rector.

El abandono de la fe, fenómeno aislado en el siglo XVIII, se tornó masivo en la Europa del siglo XX, comenzando en las capas cultas[70], descreídas, indiferentes moralmente, sin interés por la creación intelectual y artística, desarraigadas, sin más patria que sus inversiones ni más intereses que los económicos. El fenómeno no es desconocido. Al fin del mundo antiguo sucedió algo semejante, según pudo comprobar el ruso Rostovtzeff[71].

Esta deserción de los sectores dirigentes es perceptible al menos en tres círculos concéntricos: uno más bien exterior, la relación entre la técnica y el hombre, otro más profundo y ramificado, la relación entre medios de vida y razones para vivir y, en fin, uno de fondo, la relación entre Dios y el mundo.

La técnica contra el hombre

La técnica y la industrialización realizaron prodigios durante el siglo XX. Tal vez, ninguno tan beneficioso como la elevación sostenida de las condiciones de vida

[68]   Benda, Julián. *La trahison des clercs*, París, 1927.
[69]   Müller-Armack. Alfred, *El siglo sin Dios* (1959) trad. castellana, México, 1968.
[70]   Rostovtzeff, Miguel. *Historia social y económica del mundo romano*, 2 vols., Madrid, 1937-1939.
[71]   Courtois, Stéphanie et al. *El libro negro del comunismo*. Madrid, 1998.

de pueblos enteros. Pero desde temprano, esos mismos adelantos que permitieron mejorar las condiciones de vida y enfrentar diversas formas de infortunio –catástrofes, enfermedades y demás, causadas por la naturaleza– permitieron realizar también las más atroces injusticias, atentados del hombre contra el hombre. A lo largo de la centuria se desencadena una serie de horrores nunca vistos en la historia. Apenas hace falta recordarlos. Comienzan con la Primera Guerra Mundial (1914-1918) y sus millones de víctimas. Siguen la discriminación de las minorías, el exterminio de más de 50 millones de personas bajo la Unión Soviética y sus satélites (1917-1987)[72], los bombardeos de poblaciones civiles indefensas en la Segunda Guerra Mundial, desde Dresde hasta Hiroshima y Nagasaki y la expulsión de millones de personas de su patria. Prosiguen, en la segunda mitad del siglo las demoledoras intervenciones de los Estados Unidos en Corea, Vietnam, Afganistán e Irak[73], las masacres en las guerras tribales de África,[74] y las de los Balcanes en la década de 1990. A la vista de este espectáculo inhumano, el inglés Johnson no pudo menos que calificar al Estado como el mayor asesino de la historia[75], en tanto que el francés Ternon denunció el Estado criminal y los genocidios del siglo XX[76].

A pesar de tantas catástrofes, muchos mantuvieron por largo tiempo la ilusión de vivir en el mejor de los mundos posible. El fuerte de la ciencia experimental y de la técnica está en el conocimiento y el dominio del mundo exterior al hombre y su débil en el conocimiento del hombre mismo y de lo que conduce al dominio de sí. Aunque la ciencia y la técnica pudieron ciertamente mejorar y multiplicar los medios de vida del hombre, no pudieron dar un sentido a su vida, ni razones para vivir. Por eso, la prosperidad material pudo muy bien ir acompañada de los mayores horrores contra nacidos y por nacer, lo que, como se dijo, Zum Felde denominó *barbarie tecnificada*, mil veces peor que la barbarie primitiva, del arco y la flecha[77].

Los medios de vida son cada vez más abundantes, en tanto que faltan cada vez más razones para vivir.

Un mundo sin Dios

La raíz última de este desajuste entre medios para vivir, cada vez más abundantes y falta de razones para vivir, con todas sus consecuencias, no es sino la disociación entre el más acá y el más allá. A principios de siglo observó cáusticamente el inglés Chesterton: el que no cree en Dios es capaz de creer en cualquier cosa[78]. El tiempo

---

[72] Bravo Lira. *fiat iustitia*, nota. 66.
[73] Id.
[74] Johnson, Paul. *Tiempos modernos*,(1983), Buenos Aires, 1988.
[75] Ternon Yves. *L´Etat criminel. Les genocides du XX é siécle*, París, 1994.
[76] Zum Felde. Nota 1.
[77] Chesterton, Gilbert Keith. *Ensayos católicos* (1929), ahora en sus *Obras completas*, Barcelona, 1952. La frase original, más sarcástica y contundente, reza al parecer: "Lo peor de que los hombres hayan dejado de creer en Dios, no es que ya no crean en nada, sino que están dispuestos a creer en cualquier cosa".

le dio la razón. A medida que se apagaba la fe, Europa y el mundo se llenaron de superticiones. Necesitado de Dios, el hombre se creó sus propios ídolos, comenzó a endiosar cosas nobles como el arte, la ciencia, el Estado, el mundo, la naturaleza, o cosas bajas, como sus propios vicios, fustigados otrora por San Agustín, el amor desordenado a la riqueza, al cuerpo, al bienestar[79].

Parte muy principal de este desmoronamiento interior es la degradación de la persona, primera consecuencia de la disociación racionalista del más acá terreno y el más allá ultraterreno. No podía ser de otro modo. En un mundo sin Dios, el hombre no puede conservar su puesto como persona, por debajo de Dios y por encima de la naturaleza, capaz de tratar directamente con Él y, por tanto, situado por encima de las cosas. Simplemente no hay lugar para él como persona. Inevitablemente se le considera como un elemento más de la naturaleza. Lo que equivale a reducirlo a un simple individuo, vale decir uno más dentro de su especie, un número, sin nada que, como a la persona, lo haga respetable en sí mismo[80].

El racionalismo no puede evitar volverse en contra del hombre. Desde que no reconoce ninguna instancia más alta –supraterrena– tampoco tiene nada que invocar a la hora en que se atente contra él. De nada sirven los discursos sobre unos derechos humanos que ni siquiera tienen fundamentos. Cualquiera los atropella. Sin hablar de las expulsiones en masa, de la opresión a la minorías y de la llamada limpieza étnica. Todo esto se practica de hecho y se institucionaliza en los campos de concentración y de exterminio del socialismo internacional y del nacionalsocialismo y, últimamente, en los campos de prisioneros como los estadounidenses en Bagram, Abu-Ghraib o Guantánamo[81]. Sin la degradación del hombre por el racionalismo, no habría sido posible a los europeos y los estadounidenses el exterminio de millones y millones de hombres[82].

Proclamar la muerte de Dios, como lo hizo Nietzsche, lejos de traer una liberación del hombre, significó entregarlo en manos del poder y de los poderosos. En una palabra, lo dejó a merced de la voluntad de poder. No podía esperarse otra cosa. Según dijo el francés Lubac: "el hombre puede muy bien forjar un mundo sin Dios, pero no puede evitar que sea contra el hombre"[83]. Convertidos en meros individuos, los hombres quedaron aislados e indefensos frente a las nuevas divinidades, llámense Estado, Nación, democracia, ideología, la ecología o lo que fuera...

DE LA DEMOCRACIA INDIVIDUALISTA A LA TOTALITARIA

[78]   Góngora, Mario. "Civilización de masas y esperanza" (1982) en el mismo *Civilización de masas y esperanza*, Santiago, 1987.

[79]   Scheler, Max. *El puesto del hombre en el cosmos*, (1928). Müller-Armack, nota 71.

[80]   De Bagram y de Guantánamo se tenía noticia. Sobre la denuncia de Joe Darby que provocó la investigación sobre el trato en Abu-Ghraib, *Die Presse*, Viena 17 de agosto de 2006. *El Mercurio*, Santiago 13 de diciembre de 2005.

[81]   Ternon, nota 77.

[82]   Lubac, Henri de. *El drama del humanismo ateo* (1944), Madrid, 1955.

Con la descristianización aparecen nuevas formas de opresión del hombre por el hombre, propias de este siglo. De ellas mencionaremos tres, deslizamiento de la democracia individualista a la totalitaria administradas todas por una *nomenklatura* de iniciados[84], que captura el Estado, los organismos internacionales e intenta capturar asimismo la Iglesia.

En este siglo, dominado por la contradicción entre los ideales del racionalismo y la realidad de los hechos, la crítica racionalista cede paso a un cultivo de los problemas, que permite vivir de ellos. Tal es la clave de la *nomenklatura*, como núcleo dirigente, de innegable sello gnóstico. Distintos del común de los mortales, sus componentes, se autoidentifican con alguna causa humanitaria en boga: lucha contra el hambre, las enfermedades, la opresión, la miseria, la falta de vivienda, de educación, etc. Parapeteados tras la democracia –ese abuso de las estadísticas, al decir de Borges[85]–, de los derechos humanos, de la policía política, de la extorsión tributaria, los medios de comunicación y de las encuestas, se erigen en expertos y se incrustan en el interior de las instituciones para transformarlas.

Dividen el país o el mundo en dos, ellos y los demás, los que mandan y vigilan y los que trabajan y producen. Esta suerte de orden faraónico es, de hecho, una gran creación del siglo XX, de la que no cabe estar orgulloso, porque como anticipó Antoine Pinay en cualquier época pueden construir pirámides, pero el precio es siempre el mismo, la esclavitud de millones de hombres[86].

Sin embargo, el caso más claro de vivir de los problemas públicos es el deslizamiento de la democracia individualista a democracia totalitaria. Una vez atomizada la sociedad, el Estado neutral se hace absorbente. Nadie ha descrito esta transformación mejor que Tocqueville[87]. En ambas etapas, el Estado vive a cuenta del futuro, vale decir de la *buena república*, una versión burguesa de esa felicidad en la tierra de que hablan los grandes sistemas[88]. Pero se trata siempre de una felicidad para la siguiente generación. En frase de Derrida es *la democracia para otro día* [89]. Lo cual autoriza para exigir el sacrificio de la actual generación. En este sentido, el Estado totalitario viene a ser el último y más radical esfuerzo por llevar del plano teórico y parcial al plano histórico y total, el viejo ideal racionalista de transmutar el mundo real en otro ideal, conformado según los dictados de la razón humana.

Totalitarismo duro y blando

El término *Estado total*, paralelo a *guerra total*, es de origen centroeuropeo. Bajo la

<hr>

[83]   Arendt, Hanna. *Orígenes del Totalitarismo* (1951), repara en el papel de la elite dirigente. Voslensky, Michael. *Nomenklatura* (1980), Barcelona, 1981.

[84]   Borges, Jorge Luis. Decía en 1976: "Descreo de la democracia, ese curioso abuso de la estadística", cfr., Fernández Ferrer, Antonio. *Borges A/Z, selección prólogo y notas*, Madrid, 1988.

[85]   Guillaume, Silvie. *Antoine Pinay ou la confiance en politique*, 1984.

[86]   Tocqueville, Alexis de. *La démocratie en l'Amérique*. París, 1835, trad. castellana, México, 1957.

[87]   Gaxotte, Pierre. "La buena república" en *Acción española* 34, Madrid, 1933.

forma *totalitarismo* se empleó en los Estados Unidos, durante la guerra fría, para exorcizar a la Unión Soviética, sin imaginar que ellos mismos no tardarían en derivar también hacia dicha forma política[90]. Históricamente presenta dos formas, el totalitarismo duro y el blando.

El mejor exponente del totalitarismo duro, fue el soviético, dispuesto al exterminio de una buena parte de la población. Allí no se tuvo empacho en emplear todos los recursos de la técnica moderna: desde la planificación, el Gulag de Solzhenitsyn y la reclusión forzada en clínicas psiquiátricas hasta los campos de concentración y el exterminio masivo. La cifra de las víctimas, del orden de 30 millones, increíble[91]. El totalitarismo blando, por ejemplo, de los Estados Unidos, opera de modo en general incruento. Por lo general, recurre a medidas de orden policial, legal o administrativo. Llegado el caso, encierra, sin proceso alguno en cárceles secretas a ciudadanos y extranjeros, extorsiona, amedrenta, tortura, pero no asesina, salvo por excepción. Pero no trepida en implantar y difundir en países extranjeros formas inhumanas de guerra antisubversiva, ni en aplicar horribles tormentos a los prisioneros[92].

En el siglo XX, el totalitarismo se extendió por los cinco continentes, en todo el arco comprendido desde la Unión Soviética, donde fue implantada por primera vez por Lenin, hasta los Estados Unidos.

La señal de partida para su difusión mundial, la dio, sin darse cuenta, el presidente Wilson, de los Estados Unidos. Al término de la guerra 1914-1918 hizo un llamado a hacer un mundo seguro para la democracia[93]. Con ello dio entrada al fundamentalismo democrático de los Estados Unidos en el escenario internacional. Se trata de una conciencia mesiánica de estar llamados a imponer la democracia en todas partes[94]. Pero en Europa y en el mundo, las cosas tomaron un giro completamente inesperado para ellos. En lugar de triunfar una democracia individualista parecida a la estadounidense, triunfó, incluso en los propios Estados Unidos, la democracia totalitaria. Sin que Wilson, llegara a explicárselo, Europa se cubrió de dictaduras. Para asombro suyo el andamiaje de sufragio, plebiscitos y partidos, no sirvió para otra cosa. Al igual que la Unión Soviética todos rivalizaron en su celo por legitimarse mediante elecciones[95].

Si al mediar el siglo el soviético Wyschinski podía decir triunfalmente que en

88   Derrida, Jacques. "La democracia para otro día" (1989) ahora versión completa en el mismo *El otro cabo, La democracia para otro día*, Barcelona, 1992.

89   Bracher, Karl Dietrich. *Zeit der Ideologien* (1982), Buenos Aires, 1989. Reinhard, nota 49. Traverso, Enzo. *El totalitarismo. Historia de un debate*, Buenos Aires, 2001 .

90   Courtois, nota 73.

91   Barber, Willard F. y Ronning c. Neale. *Internal Security and Militar Power: Counter Insurency and Civic Action in Latin America*, Ohio, 1966. Couto e Silva , Goldbery. *Geopolítica do Brasil*, Río de Janeiro, 1967. Comblin, Joseph. *Le Pouvoir Militaire en Amérique Latine. L'ideologie de la Securité Nationale*, París, 1978. Child, John. *Unequal Alliance: The Inter-American Military System 1938-1978*, Boulder (Colorado), 1980. Fernández, Baeza, Mario. *Nationale Sicherheit in Lateinamerika*, Heildelberg, 1981.

92   Bainville, Jacques. *Las Dictaduras* (1935), Santiago, 1936. Bracher, nota 91.

Rusia "las leyes son hechas para defender al Estado contra los individuos, no a los individuos contra el Estado"[96], antes de terminar la centuria, el estadounidense Bovard denunciaba en su país la misma inversión del sentido de la ley. En lugar de ser, la garantía y la protección para el ciudadano frente al gobierno, como en tiempos de la independencia y de la constitución, se ha convertido en un elemento de presión y opresión del Estado sobre él: "Hoy día las leyes existen cada vez más para someter a los ciudadanos, no a los gobiernos"[97]. Se cumplió así el vaticinio de Tocqueville[98]. Las dos vertientes del totalitarismo, dura y blanda, siguen el mismo curso y van a dar a la misma parte[99].

Esta convergencia no es casual, ni exclusiva de ambas superpotencias. Como explica Reinhard, factor común a ellas es la democracia, que demuele las instituciones intermedias y deja al Estado dueño y señor de millones y millones de ciudadanos aislados e indefensos frente a él. Se comprende que en el siglo XX se torne prácticamente imposible escapar a esta democracia totalitaria."Bajo el impulso de la democracia y los nacionalismos, caen las últimas barreras que contenían desde fuera el poder del Estado"[100]. Entonces, lo único que cabe es esa suerte de autolimitación del poder del Estado, más aparente que real, como la que se intenta, mediante las constituciones escritas. Escapar a esta autolimitación supone conseguir que se interponga entre el Estado y los ciudadanos una trama de organizaciones intermedias las cuales, junto con proteger a las personas frente al Estado, limitan a éste. De lo contrario, desaparecidas estas instancias intermedias "al hombre le resulta cada vez menos posible entrar en contacto con el poder del Estado en calidad de miembro, sea de una parentela, comuna, gremio o estamento. En lugar de eso, se encuentra directa e inmediatamente frente al Estado"[101]. "El ámbito de competencia de éste se torna ilimitado, de suerte que el ciudadano se encuentra sin ningún espacio a salvo del Estado"[102].

AVANZADA DE LA POSTMODERNIDAD

Hispanoamérica siguió un rumbo diferente. Allí no hubo una descristianización

---

[93] Charles Eliot Norton, profesor de Harvard, habla del "surgimiento de un espíritu bárbaro de arrogancia e irracional autoafirmación"y lo califica el "peor espíritu de nuestra democracia". *Carta a E. L, Goldkin* en Liggio, Leonard. *Early Anti-imperalism* . Tuchman, Bárbara. *The proud Tower*, Nueva York-Londres, 1966.

[94] Bainville, Jacques, nota 102.

[95] Wyschinski, Andrei. *Cuestiones de teoría del Estado y del derecho* (en ruso), Moscú, 1949.

[96] Bovard, James. *Lost Right. The destruction of the American Liberty, Nueva York, 2000*. El mismo "Imperio de la Ley" en *El Mercurio* 14 de junio de 1994.

[97] Tocqueville, nota 88.

[98] Reinhard, nota 48.

[99] Reinhard, nota 48.

[100] Id, 407.

como la de Europa. Al filo del nuevo siglo, antes de que el Presidente Wilson hiciera su llamado a favor de la democracia en el mundo, advirtió Rubén Darío a su antecesor el Presidente de Estados Unidos Roosevelt: "y pues contáis con todo, falta una cosa ¡Dios!"[103]. De hecho, en la América hispana no hubo lugar ni para ideologías ni para endiosamientos del Estado, de la ley, de la democracia, ni de ninguna otra cosa. Como no se ha perdido el centro, sino que está en Dios, todo lo demás se toma *cum granum salis* o como dicen los brasileños *con muita calma*[104]. Así se explica que Steger pueda comprobar, no sin asombro, que Hispanoamérica ha sido el *hoyo negro* donde mueren las ideologías del racionalismo europeo, desde el liberalismo y el socialismo decimonónicos, hasta las teorías del pleno empleo de Keynes, de la dependencia, de modernización desarrollista y demás, sin olvidar el modernismo eclesiástico y la teología de la liberación[105].

En estas condiciones el ocaso de la Modernidad racionalista representó para estos países una suerte de liberación. Abrió las puertas a un renacer de la mentalidad barroca, anclada en la visión realista y teologal del mundo, anterior a la ilustrada, que bajo una corteza racionalista pervivía en ellos con mucho mayor vigor que en Europa. En este sentido, la América hispana ha sido la gran favorecida con el ocaso de la modernidad ilustrada. Su desmoronamiento deja a la vista esa otra, la modernidad barroca, soterrada pero todavía viva, sobre todo en los medios populares. En este sentido, el argentino Sampay proclamaba ya en 1942 que el rezago hispanoamericano en seguir los modelos europeos se había convertido en una ventaja[106]. Además, los hispanoamericanos experimentan una reacción casi biológica de rechazo frente a los modelos foráneos, sean europeos o desarrollistas, promovidos por organizaciones internacionales. A quienes no habían perdido la visión teocéntrica, siempre les parecieron mortecinas las luces de la razón que encandilaban a los europeos y estadounidenses.

No es extraño que en estas latitudes no se conociera ni el Estado totalitario, salvo en la caricatura de Cuba, desde 1959, ni tampoco una teología de la liberación al modo europeo acuñada. En el plano institucional, se mantuvo incólume a lo largo del siglo, con sus mil variaciones, la monocracia hispánica. Mientras ministerios e intendencias, soportes del gobierno modernizador estuvieron fuera

---

[101] Id., 406.

[102] Darío, Rubén. "A Roosevelt" en *Cantos de vida y esperanza*, Madrid, 1947.

[103] Zum Felde, nota 1.

[104] Steger, Hanns Albert. "América Latina" en *Encuentros*, 1, Caracas, 1987, el mismo "Deutschland und Lateinamerika, Gedanken zur Anthropologie gegenseitigen Verstehens oder Misverstehens" en *Jahrbuch f. Geschichte, von Staat, Wirtschafts un Gesellschaft Lateinamerikas* 25, Colonia-Viena, 1988, pp. 831 ss. La cita p. 835. Morandé Court, Pedro. *Cultura y modernización en América Latina*, Santiago, 1984.

[105] Sampay, Arturo Enrique. *La crisis del Estado de derecho liberal burgués*, Buenos Aires, 1942. El mismo, *Introducción a la teoría del Estado*, Buenos Aires, 1951. Pierpauli, José Ricardo, Arturo E. Sampay: "Una fundamentación naturalista en torno a la relación entre teoría del Estado y constitución jurídica" en *Anales de la Fundación Francisco Elías de Tejada*, 5, Madrid, 1999.

de discusión[107], la suerte de los parlamentos, partidos y elecciones, fue altamente problemática. De este modo, el gobierno pudo muy bien derivar hacia las formas burócraticas, descritas en México, por Octavio Paz, como *El ogro filántropico*,[108] y en Brasil por Penna como *Dinossauro*[109] sin que en ningún caso se convirtiera en un Estado totalitario. Será un monstruo burocrático pero no totalitario. A diferencia de lo que ocurre en general en Europa, en el mundo hispánico hay un Estado fuerte sin apenas sentido cívico, en los otros países de Europa, un sentido cívico más o menos fuerte, no impide el deslizamiento del Estado por la pendiente del totalitarismo.

Obra de pensadores europeos, la teología de la liberación pretendía atajar la difusión del marxismo en Iberoamérica, tras la toma del poder por Castro en Cuba en 1959. Su idea fue detener al marxismo con una dosis de marxismo y la revolución con otra revolución anticipada y menos violenta. Desde una cómoda cátedra en Lovaina, el canónigo Houtart, lanzó, con beata complacencia de espíritu avanzado, expresiones como *legalidad formal* primero, *legalidad sobrepasada* después, para terminar en la *violencia institucionalizada* o *inmanente al sistema*[110]. Pero estos teóricos no sabían ni tenían por qué saber que la América de habla hispana o portuguesa es inmanejable. Se dobla, pero no se quiebra. Puede recibir lo que sea, pero sigue siendo la misma, pues, según reza el viejo adagio lo recibe a su modo, por cierto poco afín al racionalismo europeo y muy próximo al barroco. Con la teología de la liberación ocurrió lo mismo que con otras teorías e ideologías racionalistas. Contra las esperanzas de sus promotores europeos, no convenció ni venció. Antes bien, en Iberoamérica tomó otros rumbos, que no raramente coinciden con lo que se conoce como doctrina social de la Iglesia.

En suma, Iberoamérica no es fácil. Nada entra en la forma que viene. Todo se filtra y deforma de suerte que cuadre con la propia mentalidad y modo de ser. La mejor prueba de ello es el arte. Según sucede a menudo en el mundo preindustrial, allí ha obtenido sus mejores logros en el siglo XX. No es casual que en el mundo decadente del fin de la modernidad ilustrada el arte hispanomericano, desde la arquitectura hasta las bellas letras emerja, por así decirlo, en la avanzada de la postmodernidad[111].

EL RACIONALISMO DENTRO DE LA IGLESIA

[106] Estos son los elementos fuertes de la constitución, Bravo Lira, Bernardino. "Judicatura y Monocracia". En el mismo, *El Juez entre el derecho y la ley*, Santiago, 2006.

[107] Paz, Octavio. *El ogro filántropico*, México, 1979.

[108] Penna, José Osvaldo. *Dinossauro*, Sao Paulo, 1988.

[109] Gorgen, Hermann M. "Desvios e distorçoes na Igreja latinoamericana" en *Deutsche-Brasilinische Hefte* 10, 718, Nurmberg, 1971.

[110] Bravo Lira, Bernardino. "América y la Modernidad: de la Modernidad barroca e ilustrada a la Postmodernidad", en *Jahrbuch Lateinamerika* 30, Colonia-Weimar-Viena, 1993.

Antes de su derrumbe, el racionalismo logró un tardío avance en el seno de la Iglesia. Mientras realizaba la captura del Estado, un núcleo de católicos se propuso a principios del siglo XX capturar la Iglesia. Su aspiración era buscar una conciliación entre la doctrina revelada, de que es depositaria la Iglesia, y diversas formas de pensamiento racionalista. Esta actitud, respondía a un temor, de inconfundible raíz clerical, de que la Iglesia se quedara atrás frente a los avances del racionalismo y de la descristianización. Tal fue el origen y razón de ser del modernismo, un intento de transformar desde dentro a la Iglesia, con criterios racionalistas[112].

En todo caso, el revisionismo crítico no había sido en absoluto extraño a la Iglesia. Por el contrario, había hallado acogida desde su principios, si bien en el ámbito de lo opinable, no de lo revelado. Eruditos de la talla de Mansi, Muratori y Florez en la época de la Ilustración o de Adam Múller, Migne y Vigouroux en el XIX, realizaron la obra monumental de recoger, depurar y editar antiguos textos, y abrieron camino a un mejor conocimiento del dogma, la moral, la liturgia y la historia eclesiástica[113]. Católicos, protestantes y otros entendieron que la Revelación y los asuntos de fe exigían un tratamiento distinto de las materias profanas. Debido a que se hallan por encima de la razón humana, estaban también por encima de una crítica y revisionismo al modo de las cosas profanas. Después de todo, la sola razón no podía añadir ni quitar nada a la palabra de Dios.

Esto cambió al filo del siglo XX con el modernismo. Para sus promotores todo debía ser reinterpretado mediante categorías mentales racionalistas, tanto lo que es sobrenatural en la Iglesia, como, en general, la doctrina cristiana, dogmas, sacramentos y moral. Esta reinterpretación desemboca en una reducción de todo elemento sobrenatural a fenómeno explicable por la razón humana, debido a causas puramente naturales y, en definitiva, en el reemplazo de la visión teocéntrica del mundo por otra antropocéntrica.

El modernismo tuvo una primera oleada en Europa a fines del siglo XIX y otra, de alcance mundial, *neomodernismo,* en la segunda mitad del siglo XX. Denunciado y condenado por Pío X, en la encíclica *Pascendi* de 1907, se adoptaron entonces enérgicas medidas para extirparlo dentro de la Iglesia. Con ello consiguió contenerlo por algún tiempo, pero al cabo de medio siglo renació con nuevo vigor.

Característico del modernismo y del neomodernismo es que sus promotores no abandonaron la Iglesia, como los herejes de otros tiempos. Permanecieron en ella, con el propósito de transformarla según los dictados de una *nomenklatura* formada por sus mentores. La acción de los neomodernistas se vio facilitada de hecho por el clima de incertidumbre, subversión y ambigüedad doctrinal y hasta de experimentación de la época del Concilio Vaticano II (1962-1965). Se

---

[111]   García de Haro, Ramón. *Historia teológica del modernismo,* Pamplona, 1972.

[112]   Gerbod, Paul. *Europa cultural y religiosa* (1977), Barcelona, 1982. Rémond, René. *Religión und Gesellschaft in Europa* (1998), Munich, 2000.

[113]   Orlandis, José. *La Iglesia católica en la segunda mitad del siglo XX,* Madrid, 1998.

trataba de abusos, pero eran tantos y tan graves que el papa Paulo VI no vaciló en hablar de una "autodemolición" de la Iglesia. Se desatendió la predicación y la enseñanza religiosa para ocuparse de temas políticos, sociales o económicos. Se descuidó la asistencia a la misa dominical y el sacramento de la confesión. Se discutieron los dogmas, se desacralizó el culto y la administración de los sacramentos y se relajaron la moral y las costumbres. Fruto de esta desorientación fue la deserción de miles de clérigos y religiosos y un alejamiento de la práctica religiosa entre los fieles[114].

Eliminar lo trascendente, como lo hace el modernismo, en sus diversas formas, equivale a eliminar también la visión teocéntrica del cristianismo para substituirla por otra antropocéntrica, en la que el hombre, desligado de Dios, acaba convertido en un náufrago, llevado de un lado para otro por los poderes y corrientes de pensamiento del momento, cuando no por las fuerzas de la naturaleza. Nacido de falta de fe en la Revelación misma y en la misión de la Iglesia, el modernismo termina por invertir las cosas. En lugar de cristianizar ese mundo, opta por mundanizar la Iglesia.

Epílogo

Umbral de la postmodernidad: entre ecocentrismo y teocentrismo

El siglo XX se acabó antes de lo previsto, con el derrumbe de la Unión Soviética en 1989. Este acontecimiento y sus repercusiones mundiales, se suelen designar abreviadamente en lengua alemana, con el término *Wende*. Su cara más visible fue el fin de la guerra fría entre las dos superpotencias. Súbitamente se desmoronó el precario acuerdo de Yalta, equilibrio del miedo, entre Estados Unidos y la Unión Soviética, basado en el temor al contragolpe. De un día para otro cayeron el muro de Berlín, la partición de Alemania, de Europa y del mundo en dos bloques antagónicos[115]. De las dos superpotencias que se disputaban la hegemonía mundial, quedó en pie una sola, los Estados Unidos.

Sin entrar en un análisis del tema, cabe anotar que el término postmodernidad es, de por sí, elocuente. Tiene dos caras. Refleja, a la vez, ruptura con la modernidad, a la que relega al pasado, y apertura hacia nuevas formas históricas que permitan configurar un mundo distinto y, a ser posible, mejor. En este sentido, postmodernidad alude de un modo u otro al ocaso del sueño racionalista de disociar el más acá terreno del más allá divino. Por lo mismo, esboza un nuevo horizonte, abierto como un abanico en múltiples direcciones: desde una visión cosmocéntrica, a la manera griega o simplemente budista, para la cual

---

[114] Czempiel, Ernst Otto. *Weltpolitik im Umbruch. Das internationale System nach der Ende des Ost-West Konflikts,* Munich, 1991.

100

el hombre no es más que una partícula en el Universo[116], hasta otra teocéntrica, que lo sitúa debajo de Dios, pero por encima del resto de la creación[117]. Entre una y otra se sitúan los intentos de revivir de alguna forma el antropocentrismo y los *metarelatos* cuyos promotores se autodenominan *renovados*, pero son más bien retrógrados que intentan salvar algo en el naufragio de la modernidad.

Por encima de eso, el verdadero significado del *Wende* es el fin del antropocentrismo y de la propia modernidad racionalista, evidente tras el desmoronamiento de la Unión Soviética, el intento más consecuente de rehacer el mundo según los dictados de la razón humana.

En una palabra, con la caída de la Unión Soviética se hundió el antropocentrismo y terminó de desaparecer la imagen ingenua del hombre bueno por naturaleza. Con ella murió también su expresión política, el mito de la democracia, como forma política más perfecta que sea dable alcanzar a la humanidad, más allá de la cual sería imposible pasar. Desde entonces se volvieron a sopesar fríamente sus defectos y ventajas. Nada puede ser perfecto con hombres imperfectos, menos aún con quienes no son, en expresión de Vattimo, sino un átomo de polvo en el Universo.

La democracia volvió a ser entonces lo que había sido siempre, hasta que fuera idealizada por la Ilustración: una más entre las formas de gobierno posibles[118]. "La crisis de la democracia que detectamos cada vez con mayor fuerza desde el desplome de la Unión Soviética, resume el español Sotelo, no es un fenómeno circunstancial que pueda resolverse con algunos arreglos cosméticos, sino que exige cambios substanciales".

Todavía es temprano para caracterizar la Postmodernidad por sí misma. Pero, al menos, podemos certificar la muerte de la modernidad. La perspectiva se ha invertido por completo. Moderno y modernización suenan a trasnochado. Rehacer el mundo conforme a los dictados de la razón humana, parece un sinsentido. Es todo menos un ideal, no pasa de ser una ilusión desechable.

Síntesis y conclusión

El itinerario intelectual del racionalismo, se puede reconstruir muy bien a partir de la visión teologal del mundo que constituye históricamente su punto de arranque

[115] Vattimo, Gianni. *La fine della Modernitá*, Turín, 1985, trad. castellana, Barcelona, 1986.

[116] Koslowski, Peter; Spaeman, Robert y Loew, Reinhard (eds.). *Moderne oder Postmoderne*, Weinheim, 1986.

[117] Ratzinger, Joseph. "El significado de los valores morales y religiosos en la sociedad pluralista", conferencia en Bratislava, en el mismo *Wahrheit, Werte, Macht* (1993), Madrid, 1995. El mismo "Discurso de recepción" en la Academia francesa de Ciencias Morales y Políticas, 7 de noviembre de 1992, ibid. Juan Paulo II, Encíclica *Veritas Splendor*, 6 de agosto de 1993.

[118] Sotelo, Ignacio. "Sobre la actual descomposición de la democracia" en *Política Exterior* 47, Madrid, 1995.

y de la que continúa dependiendo, aún a pesar suyo, ya que sólo consigue alejarse de ella en la medida en que se convierte en sustituto de la misma.

Así, los comienzos del racionalismo con el *cogito* y la búsqueda de un nuevo criterio de certeza, así como el revisionismo crítico consiguiente a su aplicación, corresponden a una prescindencia, al principio puramente metódica, como en el caso de Grocio y de Descartes, de la fe como elemento de comprensión de las realidades terrenas. Se busca substituir la visión teológica, fundada en la armonía y complementación entre la razón y la Revelación por una visión racionalista, fundada exclusivamente en la razón, con independencia de la Revelación. Esta primera etapa culmina en el siglo XVIII con la idea del progreso indefinido de la humanidad por obra de la razón, que viene a ser un sustituto secularizado de la creencia cristiana en el poder de Dios.

Esta creencia prepara el tránsito hacia la segunda etapa del racionalismo, su apogeo con los grandes sistemas de pensamiento racionalista de Hegel, Comte y Marx en el siglo XIX. Dichos sistemas se presentan a sí mismos como anunciadores del ingreso de la humanidad en la etapa final de su historia: el Estado germánico-cristiano de Hegel, la edad positiva de Comte o la sociedad sin clases de Marx. Son un sustituto de la esperanza cristiana en una vida ultraterrena como razón de ser de la vida presente.

A su vez, esta esperanza en el advenimiento de una edad ideal en la tierra conduce a la tercera etapa del racionalismo, la de su derrumbe. Un mundo sin Dios se vuelve en contra del hombre. En medio de los mayores horrores de la historia, se hunden la creencia en el progreso y la esperanza en los grandes sistemas. Como escapatoria no queda sino el Estado totalitario.

Racionalismo y antinomias

Dentro y fuera de la Iglesia, ese parece ser el drama del racionalismo. No es posible disociar el más acá del más allá, sin que el hombre se convierta en una insignificante partícula del Universo y se vea aplastado por los poderes, ahora incontenibles, del más acá. Por eso, el intento racionalista de construir un mundo sin Dios se vuelve inevitablemente contra el hombre. Su actitud ante la realidad y sus métodos le condenan a destruir lo mismo que se propone exaltar; así, paradójicamente, cada avance hacia la realización de sus ideales sólo puede conseguirse al precio de sacrificar a los hombres reales y concretos del presente, en aras de un hombre ideal y abstracto del futuro. Por este camino, medio planeta se convirtió en cárcel bajo el totalitarismo duro del marxismo y el otro medio no se encuentra muy lejos de eso, bajo el totalitarismo blando.

Lo que ocurre, es que el racionalismo no puede evitar asimilar el hombre al mundo físico, como si fuera un elemento más de la naturaleza, sometido enteramente a sus leyes, como un hormiguero o una colmena. Por eso, bajo el signo de la sola razón los mejores logros de la ciencia y de la técnica se vuelven contra el hombre. De poco le sirve al racionalismo su admiración por las ciencias experimentales y por la técnica, a las que exalta como artífices del progreso indefinido. Al confiar, un tanto ingenuamente, en que el progreso resultará necesariamente del solo avance de las ciencias experimentales y de la técnica, torna cada vez más difícil el autodominio del hombre y empuja, por el contrario, hacia la dominación de unos sobre otros, hacia la creación de nuevas formas de opresión, cada vez más refinadas científica y técnicamente, como son las de los Estados totalitarios.

La gran limitación del racionalismo está en que su actitud frente a la realidad sólo le permite contar con el mundo de los hechos y de la técnica, de los *facta* de y los *artefacta* y le condena a ignorar la enorme diferencia que hay entre ese mundo y el otro tanto más complejo de las acciones humanas. Porque nada de lo que se refiere al hombre como tal es simple hecho, puramente *facta* mensurable o cuantificable; ni sus acciones, por las que el hombre está en condiciones de responder y son, por tanto, materia de dictamen de su conciencia y de juicio, –sea moral, sea en derecho–; ni sus proyecciones en la vida colectiva, *res gesta*, gestas grandes o pequeñas que son materia de historia; ni sus creaciones objetivas, *poiesis*, que son materia del arte; ni, en fin, sus especulaciones por las que desentraña la realidad y la convierte así en materia de intelección o pensamiento, es decir, la filosofía.

De ahí que el pensamiento racionalista termine abocado a una serie de antinomias: Razón y Revelación, que llevan del revisionismo crítico del siglo XVIII al absolutismo de los grandes sistemas del siglo XIX; Ciencia y Creencia que llevan del deísmo dieciochesco al ateísmo contemporáneo; Profano y Sagrado, que llevan de la aconfesionalidad decimonónica a la lucha contra toda religión en el siglo XXI; Persona y Sociedad, que llevan del individualismo del siglo XIX al colectivismo del XX; Libertad y Potestad, que llevan de la igualación dieciochesca al totalitarismo contemporáneo; Derecho Natural y Derecho Positivo, que llevan del iusnaturalismo racionalista en el siglo XVIII al positivismo legal del siglo XX.

Estas oposiciones no se dan en la visión realista porque la dignidad del hombre está más allá de toda disputa, tiene un fundamento teologal en la analogía con la Trinidad de Personas en Dios. Ante Dios que es eterno no hay anonimato, cada hombre es único, es alguien, capaz de honrarle y de ofenderle racional y libremente, con deliberación. En comparación con esta dignidad, las diferencias con otros hombres, en este mundo temporal y tornadizo, por grandes que parezcan, son algo muy relativo, secundario, insignificante. Dios y el hombre son lo permanente, lo demás, –saber, poder, prestigio, bienestar– un decorado, que en palabras del poeta , "pasa como las naves, como las nubes, como las sombras…".

Pero en la visión teológica, dignidad del hombre e indigencia son indisociables, es frente al Creador, imagen de Dios y pecador. Cada hombre, en la medida en que es dueño de sí, es también único e irremplazable en su capacidad de honrar u ofender deliberadamente a Dios. El protestantismo acentuó la noción de pecado y, al oponerse a esta versión deformada del cristianismo, el pensamiento racionalista ha buscado de diversas maneras transponerla a la sociedad, encontrar un culpable del mal: desde la sociedad fundada en las creencias y en las tradiciones patrias hasta la sociedad fundada en la distinción de clases sociales.

Grandeza y miseria del racionalismo moderno

Las directrices del pensamiento racionalista son fundamentalmente divergentes. Cada nueva corriente se opone a la precedente. Los distintos pensadores no concurren, por eso, a elaborar una visión común del mundo. Antes bien, cada uno propone la propia. De ahí que, a medida que se aleja de su punto de partida, el pensamiento racionalista se disgregue en una serie de planteamientos sucesivos, dependientes de los anteriores, pero disociados entre sí: cada vez más sistemáticos, más globales y, por eso mismo, más inconciliables, hasta disolverse en el relativismo.

Hay en esto un contraste con el pensamiento realista que fue advertido ya en el siglo XVII por Leibniz (1646-1716), quien calificó por ello a aquel como *philosophia perennis*, en cuanto en él la diversificación de posiciones contribuye a enriquecer y profundizar un acervo común. Entre los pensadores racionalistas falta este núcleo central de verdades fundamentales. Todo está en perpetua revisión. En atención a ello el mismo Leibniz observó que, por lo general, sus planteamientos valen por lo que afirman y no por aquello que rechazan.

La disgregación del pensamiento racionalista culmina en el siglo XX, tras el ocaso de los grandes sistemas del siglo XIX, en un relativismo. Proliferan los *ismos* hasta terminar desechados como *metarelatos*. Este es, sin duda, uno de los factores de la disolución de dicho pensamiento.

La significación del racionalismo en la historia de Occidente es indudable. En la hora de su reflujo es imposible desconocer su grandeza y miseria. Los poderes que la razón contribuyó a alzar, en su intento de conformar el mundo a sus solos dictados, proclaman su grandeza. A ella no pudo menos que ser sensible una multitud de talentos superiores y, por eso, el racionalismo encontró tantos sostenedores. Pero, al mismo tiempo, el abatimiento de la propia razón frente a estos poderes, que ella contribuyó a exaltar, proclama la miseria de esta razón humana entregada a sí misma. Ante él tampoco permanecieron indiferente los mejores talentos y por eso el racionalismo encontró tantos adversarios.

A la postre, no hay razón humana que prevalezca, por su sola fuerza, sobre los poderes que ella misma eleva cuando sus representantes recusan toda autoridad superior a la suya propia. Al disociar el más acá del más allá, lo terreno de lo divino, los pensadores racionalistas renunciaron a toda posibilidad de invocar una instancia superior frente a los poderes del aquí y del ahora y, por tanto, no pudieron sustraerse a una sumisión incondicionada ante esos poderes que ellos mismos contribuyeron a exaltar. En este sentido, puede decirse que el racionalismo ha obrado una verdadera *Entfesselung der Unterwelt*, un desencadenamiento de las potencias inferiores del hombre –afán de dominar, de poseer, de gozar– contra el espíritu.

a. Jorge Guillermo Federico Hegel (1770-1831)

Visión idealista de la historia

Nació en Stuttgart el 27 de agosto de 1770, el mismo año que Hölderlin y Beethoven, murió en Berlín en 1831. Su padre fue un funcionario de la hacienda pública. Hegel creció en un ambiente protestante y cursó estudios clásicos griegos y latinos. Se doctoró en Filosofía en 1790. Lector de Gibbon y de Montesquieu, amigo de Schelling y de Hölderlin, sus grandes intereses fueron la filosofía , la historia moderna y la política, pero el tema que más le apasionó fueron los orígenes del cristianismo. De ahí que se debatiera entre divesos sistemas filosóficos, de Kant, Fichte y Schelling. Toda su obra está animada por la creencia ilustrada en la razón, pero sin separarla del sentimiento ni reducirla a él. Emprende así un gigantesco esfuerzo por construir un sistema que reconcilie dentro de sí los opuestos de los otros sistemas: espíritu y naturaleza, universal y particular, ideal y real. Ya en 1798, en *El espíritu del cristianismo*, obra publicada póstumamente en 1907, escribió: "Iglesia y Estado, teoría y vida, piedad y virtud, actividad espiritual y temporal no se pueden disolver en uno".

Su carrera universitaria comenzó propiamente en 1801, cuando ingresó a la Universidad de Jena. Allí concluyó *La fenomenología del espíritu* (1807), uno de sus trabajos más importantes. Su época de triunfo comienza con su matrimonio, el cual fue muy feliz, en 1811 y dura las dos últimas década de su vida. En 1816 obtuvo la cátedra de Filosofía en la Universidad de Heidelberg , donde terminó su obra *Enciclopedia de las ciencias filosóficas* (1817). Dos años después, en 1818, sucedió a Fichte en la Universidad de Berlín y por primera vez adquirió un inmenso ascendiente sobre sus alumnos. Poco después fue nombrado rector. Su última obra publicada fue *La filosofía del derecho* (1821), aunque algunas notas de sus conferencias, junto con aportes de sus alumnos, vieron la luz después de su muerte. Entre las obras presentadas bajo el título genérico de *Lecciones*, se encuentran *Lecciones de filosofía de la religión* (1832), *Lecciones de historia de la filosofía* (1833-1836), *Filosofía de las bellas artes* (1835-1836) y *Lecciones sobre la filosofía de la historia* (1837).

Uno de los mayores talentos filosóficos de la historia, Hegel está a la altura de Aristóteles y de Santo Tomás. A diferencia de ellos no hizo una filosofía del ser, sino del devenir. Intentó reemplazar la visión antropocéntrica de la Ilustración, con su escisión entre el más acá y más allá, por un idealismo dialéctico absoluto, es decir, que comprende en una unidad ambos extremos. "Nuestro tiempo –escribe en su filosofía de la religión–, se caracteriza frente a todos los demás por conocer una interminable multitud de cosas y, en cambio, nada de Dios. Antes el espíritu ponía su más alto interés en conocer a Dios y escudriñar su naturaleza. Nuestro tiempo ha prescindido de esta necesidad y se ha ahorrado el esfuerzo y lucha consiguiente. Damos todo esto por sabido y lo descartamos. Sin embargo, lo más asombroso de esta actitud es que, pese a que por sí misma merece considerarse como la fase extrema del abatimiento humano, el hombre se halla tan orgulloso de ella como si en este abatimiento cifrarse su más alto y verdadero destino".

A fin de atajar la disociación entre el más acá y el más allá y, en último término el descreimiento y la descristianización, Hegel se dio a la tarea sobrehumana de abarcar dentro de una sola visión unitaria toda la realidad, lo terreno y lo ultraterreno. La clave de ella es la reducción de toda la realidad a espíritu, que, como tal, se halla en perpetuo despliegue dialéctico. De forma tradicional, esta dimensión del pensamiento de Hegel se ha analizado en términos de tesis, antítesis y síntesis. A pesar de que Hegel no utilizó estos términos, resultan muy útiles para comprender su visión de la dialéctica. Hegel pensaba que el propio espíritu absoluto (la suma total de la realidad) se desarrolla por este camino hacia un fin último o una meta más alta. Según esto, la historia universal se reduce al despliegue dialéctico de una idea, la de Estado. La tesis es el Estado oriental donde uno sólo es libre, el monarca. La antítesis está representada por la ciudad-Estado griega, donde una minoría es libre y la síntesis o plena realización de la idea es el Estado germánico-cristiano, donde todos son libres. No hay contradicción entre el poder del Estado y la libertad de los gobernados, porque en esta fase la plenitud del Estado es realizada por una monarquía que se impone a los poderosos y protege a los más débiles frente a ellos.

Cuando falleció era el filósofo más famoso de una Alemania que, desde la Universidad de Berlín, comenzaba a perfilarse como uno de los grandes focos de la cultura europea. Sus ideas estaban muy difundidas y sus discípulos gozaban de gran prestigio intelectual. Sin embargo, su renombre se disipó muy pronto y sólo vino a revivir, décadas después, gracias a los estudios críticos de Georg Lasson y a autores como el alemán Dilthey y el italiano Croce. Su gran intento de reconciliar los sistemas opuestos de sus antecesores fue abandonado muy pronto. Sus seguidores optaron por posiciones incompatibles. Se dividieron entre los llamados hegelianos de derecha y de izquierda. Desde un punto de vista teológico y político los de derecha ofrecieron una interpretación conservadora de su obra. Con Lorenz von Stein, por ejemplo, subrayaron el papel del Estado como protector de los más débiles frente a los más poderosos, propio de un Estado monárquico, situado por encima de los sectores dominantes. Su acción se dirige a solucionar los problemas sociales, mediante la elevación de los sectores inferiores. Los hegelianos de izquierda, con Marx, por ejemplo, identificaron al Estado con la clase dominante, y lo presentaron como instrumento de represión de los más débiles, según ocurre bajo las oligarquías. Derivaron hacia posturas revolucionarias, de ateísmo y violencia. Su acción se dirige a acentuar lo que Marx llama contradicciones sociales, para acelerar la revolución. Para ellos, el Estado no es portador de la libertad, al romper el predominio de los núcleos dominantes, antes bien, la única forma de liberar a los oprimidos es acabar con el Estado.

Un antagonismo semejante se advierte en las visiones de la historia derivadas de Hegel. Mientras Comte, con el orden y progreso presenta una vertiente conservadora, Marx con la lucha de clases, presenta, por el contrario, una vertiente revolucionaria.

    1.- "La historia universal es la ex-posición del proceso divino y absoluto del espíritu, en sus formas supremas; la exposición de la serie de fases a través de las cuales el espíritu alcanza su verdad, la conciencia de sí mismo. Las formas de estas fases son los espíritus de los pueblos históricos, las determinaciones de su vida moral, de su constitución, de su arte, de su religión de su ciencia. Realizar estas fases es la infinita aspiración del espíritu universal, su irresistible impulso, pues esta aspiración, así como su realización, es su concepto. La historia universal muestra tan sólo cómo el espíritu llega paulatinamente a la conciencia y a la voluntad de la verdad. El espíritu alborea, encuentra luego puntos capitales, y llega por último a la plena conciencia (...)".

2.- "(...) La historia universal comienza con su fin general: Que el concepto del espíritu sea satisfecho sólo en sí, esto es, como naturaleza. Tal es el impulso interno, más íntimo, inconsciente. Y todo el asunto de la historia universal consiste, como ya se advirtió, en la labor de traerlo a la conciencia. Presentándose así en la forma de ser natural, de voluntad natural, eso que se ha llamado el lado subjetivo, o sea, las necesidades, el impulso, la pasión, el interés particular, como también la opinión y la representación subjetiva, existen por sí mismos (...)".

3.- "(...) La realización de la idea universal en la realidad inmediata y el encumbramiento de la individualidad hasta la verdad universal, tiene lugar, ante todo, bajo el supuesto de la diversidad e indiferencia recíproca de ambos lados. Los sujetos activos tienen fines finitos e intereses particulares en su actividad, pero también son seres libres y pensantes. El contenido de sus fines está pues, entrelazado con determinaciones universales y esenciales del derecho, del bien, del deber, etc. (...) Pero frente a este contenido universal, que cada uno ha actualizado con una actividad, mediante la cual se conserva el conjunto de la moralidad, existe un segundo contenido universal, que se expresa en la historia grande y que plantea la dificultad de conducirse conforme a la modalidad (...).

Los grandes individuos en la historia universal son, pues, los que aprehenden este concepto universal superior y hacen de él su fin; son los que realizan el fin conforme al concepto superior del espíritu. En este sentido hay que llamarlos héroes. No hallan su fin y su misión en el sistema tranquilo y ordenado, en el curso consagrado de las cosas. Su justificación no está en el estado existente, sino que es otra la fuente de donde lo toman, del espíritu, del espíritu oculto que llama a la puerta del presente, del espíritu todavía subterráneo, que no ha llegado aún a la existencia actual y quiere surgir, del espíritu para quien el mundo presente es una cáscara. Que encierra distinto meollo del que le corresponde".

4.- "(...) Lo particular tiene su interés propio en la historia universal, es algo finito y como tal debe sucumbir. Los fines particulares se combaten unos a otro y una parte de ellos sucumbe. Pero precisamente con la lucha, con la ruina de lo particular se produce lo universal. Éste no perece. La idea universal no se entrega a la oposición y a la lucha, no se expone al peligro; permanece intangible o ilesa, en el fondo, y envía lo particular de la pasión que en la lucha reciba los golpes (...).

Si consentimos en ser sacrificados, las individualidades, sus fines y su satisfacción; si admitimos que la felicidad de los individuos sea entregada al imperio del poder natural, y por lo tanto, de la casualidad, a que pertenece; si nos avenimos a considerar los individuos bajo la categoría de los medios, hay sin embargo en ellos un aspecto que vacilamos en contemplar desde este punto de vista, porque no es en absoluto un aspecto subordinado, sino algo en sí mismo eterno y divino. Es la moralidad y la religiosidad".

5.- "Sólo en el Estado tiene el hombre existencia racional. Toda educación se endereza a que el individuo no siga siendo algo subjetivo, sino que se haga objetivo en el Estado. Un individuo puede, sin duda, hacer del Estado su medio, para alcanzar esto o aquello; pero lo verdadero es que cada uno quiera la cosa misma, abandonando lo inesencial. El hombre debe cuanto es al Estado. Sólo en éste tiene su esencia. Todo el valor que el hombre tiene, toda su realidad espiritual, la tiene mediante el Estado (...).

El Estado es, por tanto, el objeto inmediato de la historia universal. En el Estado alcanza la libertad su objetividad y vive en el goce de esta objetividad. Pues la ley es la objetividad del espíritu y la voluntad en su verdad; y sólo la voluntad que obedece a la ley es libre, pues se obedece a sí misma y pertenece en sí misma, y es, por tanto, libre. Por cuanto el Estado, la patria, es una comunidad de existencia; por cuanto la voluntad subjetiva del hombre se somete a las leyes, desaparece la oposición entre la libertad y la necesidad. Necesario es lo racional, como sustancia; y somos libres por cuanto lo reconoce como ley y lo seguimos como sustancia de nuestra propia esencia (...)".

6.- "La religión es la conciencia que un pueblo tiene de lo que es, de la esencia de lo supremo. Este saber es la esencia universal. Tal como un pueblo se representa a Dios, así se representa su relación con Dios, o así se representa a sí mismo; la religión es el concepto que el pueblo tiene de sí mismo. Un pueblo que considera como su Dios la naturaleza, no es un pueblo libre; solo cuando considera a Dios como espíritu que está sobre la naturaleza, tornase él mismo espíritu y libre (...).

El Estado tiene con la religión un mismo principio común. Esta no sobrevive desde fuera, para regular el edificio del Estado, la conducta de los individuos, su relación con el Estado, sino que es la primera interioridad que en él se define y realiza. Los hombres deben ser educados en la religión; la religión ha de conservarse siempre, exactamente como la ciencia y el arte deben ser enseñados. Pero no debemos representarnos esta relación como si la religión debiera sobrevenir posteriormente; sino que el sentido es, como se ha dicho, que el Estado ha salido de una religión determinada, que tiene con la religión un mismo principio común y que, si posee una vida política, artística y científica, es porque tiene una religión (...)".

7.- "El Estado es la idea espiritual en lo extremo de la voluntad humana de su libertad. Las transformaciones de la historia acaecen esencialmente en el Estado y en los momentos de la idea existen en el Estado como distintos principios. Las constituciones en que los pueblos históricos han alcanzado su florecimiento, les son peculiares; no son pues una base universal, como si la diversidad sólo consistiera en el modo especial de desarrollo y desenvolvimiento, y no en la diversidad de los principios mismos (...).

Las diferencias entre las constituciones del Estado conciernen a la forma en que la totalidad de la vida del Estado se manifiesta. En su primera forma esta totalidad hállase todavía oculta y sus distintos círculos no han llegado aún a la independencia; en la segunda forma, estos círculos, y por tanto los individuos, se hacen libres; en la tercera forma, en fin, estos gozan ya de su independencia y su obra consiste en producir lo universal. Vemos todos los imperios y la historia universal entera recorre estas formas. Primero vemos en todo Estado una especie de monarquía patriarcal, pacífica o guerrera. Esta primera manera de producirse un Estado es despótica e instintiva; pero la obediencia, la violencia, el miedo a un déspota son también nexos de la voluntad. Viene la particularización; dominan los aristócratas, determinados círculos, los demócratas, los individuos. Una aristocracia accidental cristalizada en estos individuos se convierte más tarde en un nuevo reino, en una nueva monarquía. El final de todo esto es la sumisión de estas fuerzas particulares a un poder, que no puede ser otro que el que deja fuera de sí las distintas esferas independientes; y este es el poder monárquico (...)".

8.- "El progreso se define en general como la serie de fases por la que atraviesa la conciencia.

La historia universal representa el conjunto de las fases por las que pasa la evolución del principio, cuyo contenido es la conciencia de la libertad. Esta evolución tiene *fases*, porque el espíritu no es aquí inmediato a sí mismo, sino que requiere mediación, bien que una mediación consigo mismo; pero esta evolución está diferenciada, porque es división y diferenciación del espíritu. La determinación de estas fases es, en su naturaleza general, lógica; pero en su naturaleza más concreta es tema de la filosofía del espíritu. Lo único que cabe indicar aquí, acerca de esta abstracción, es que la primera fase, la fase inmediata, cae dentro de la ya indicada sumersión del espíritu en el elemento de la naturaleza; en el cual el espíritu existe con una individualidad sin libertad (es libre uno solo). La segunda fase es la expansión del espíritu en la conciencia de su libertad; pero esta primera liberación es imperfecta y parcial (son libres algunos), puesto que procede inmediatamente del estado natural y, por consiguiente, se ve enlazada con éste y cargada todavía con lo natural como uno de sus elementos. La tercera fase es la ascensión desde esta libertad, todavía parcial, a la pura universidad de la libertad (es libre el hombre como tal hombre), en la conciencia y sentimiento que la esencia del espíritu tiene de sí misma (...)".

9.- "La primera época, en que consideramos al espíritu, es comparable, por tanto, con el espíritu infantil. Reina aquí esa unidad del espíritu natural, reside todavía en la naturaleza, no en sí mismo; no es, pues, todavía libre, ni ha recorrido el proceso de la libertad. También en esta fase del espíritu encontramos Estados, artes, ciencias incipientes; pero todo esto se halla en el terreno de la naturaleza. En este primer mundo patriarcal, el espíritu es una sustancia a la que el individuo se añade sólo como un accidente. Para la voluntad del uno son los otros como niños, como subordinados.

La segunda fase del espíritu es la de la separación, la de la reflexión del espíritu sobre sí; consiste en salir de la mera obediencia y confianza en los demás. Esta fase se divide en dos. La primera es la juventud del espíritu, que tiene libertad propia, pero vinculada todavía a la sustancialidad. La libertad no ha renacido todavía de lo profundo del espíritu. Este es el mundo griego. La otra es la edad viril del espíritu, en que el individuo tiene sus fines propios, pero sólo los alcanza al servicio de un ente universal, del Estado. Este es el mundo romano. En él se da la antítesis entre la personalidad del individuo y el servicio a lo universal.

En cuarto lugar sigue la época germánica, el mundo cristiano. Si se pudiera comparar también aquí el espíritu con el individuo, habría que llamar a esta época la senectud del espíritu. Es empero lo peculiar de la senectud el vivir sólo en el recuerdo, en el pasado, no en el presente; por eso la comparación es aquí imposible. El individuo, por su aspecto negativo, pertenece al elemento, a la materia y perece; más el espíritu vuelve sobre sí mismo, sobre sus conceptos. En la época cristiana, el espíritu divino ha venido al mundo, ha puesto su sede en el individuo, que ahora es perfectamente libre, con una libertad sustancial. Esta es la conciliación del espíritu subjetivo con el objetivo. El espíritu se ha reconocido, se ha hecho uno con su concepto, del cual se había separado al constituir la subjetividad, saliendo para ello del estado de naturaleza (...)".

(Párrafos extraídos de
Lecciones sobre la filosofía de la historia universal, 1830)

b. Augusto Comte (1798-1857)

Visión sociológica de la historia

Nació el 19 de enero de 1798 en Montpellier. Falleció en París el 5 de septiembre de 1857. Cursó estudios en la escuela Politécnica de París desde 1814 a 1816, de la cual fue expulsado por tomar parte en una revuelta estudiantil. Secretario particular del teórico socialista Conde de Saint-Simon, debió a él la idea central de su sistema, la ley de los tres estadios. Su vida fue penosa, a causa de las crisis de locura, familiares y laborales que le aquejaron.

Comte reaccionó contra Hegel. Como francés no podía aceptar la superioridad alemana, resultante del abatimiento de Francia tras la Revolución Francesa y de la victoria de Prusia y las potencias europeas sobre Napoleón. Por una parte, aspiraba a evitar la revolución, mediante un equilibrio entre *orden y progreso*. Por la otra, oponía a la dialéctica hegeliana la ley de los tres estadios, que rige el desarrollo de la humanidad y lleva al hombre a un dominio cada vez mayor del mundo. Cada una de las ciencias o ramas del saber debe pasar por "tres estadios teoréticos diferentes": el teológico o estadio ficticio; el metafísico o estadio abstracto; y por último, el científico o positivo. Éste culmina en la sociología, de la cual Comte es considerado fundador.

Su carrera consta de dos partes. En la primera escribió el *Curso de Filosofía Positiva* (1830-1842; 1853) y después de un intervalo de más de diez años, publicó el *Sistema de Política Positiva* (1851-1854), donde propuso una religión de la humanidad en la que el culto a un Dios personal del cristianismo se sustituye por el culto a un ser superior abstracto (La Humanidad). Allí los santos del cristianismo son sustituidos por benefactores de la humanidad, como por ejemplo, descubridores, inventores, etc. Al efecto se compuso un catecismo, ritual, himnos y se instituyó un culto, que llegó a celebrarse en varias ciudades: Londres, París, Río de Janeiro, Quito…

El ideal de Comte era la estabilidad social y política, bajo el gobierno de una minoría que empleara métodos de la ciencia para resolver los problemas humanos. Su preocupación por el orden le llevó a reconocer el valor de la religión como factor de estabilidad social. Pero en torno a este punto se dividieron sus seguidores. La mayoría adhirió a sus ideas filosóficas y sociológicas, sin prestar mayor atención a la nueva religión.

De todas las visiones racionalistas, el positivismo fue la que tuvo mayor eco en estos países hispánicos. Al parecer, por su corto vuelo, estaba más alcance del núcleo dirigente que abstracciones como las de Hegel o que la versión materialista de Marx. Sea de ello lo que fuere, el positivismo empalmó con el ideal reformador de la Ilustración y le dio nuevo impulso bajo formas renovadas. En este sentido, dio origen a una nueva corriente conservadora, de carácter profesional y burocrático, distinta de la clerical y militar dominante hasta entonces. Fruto de ella son los gobiernos de *orden y progreso*, de fines del siglo XIX y principios del XX, desde México hasta Brasil y desde Perú hasta España.

1.- "Para explicar convenientemente la naturaleza real y el carácter
propio de la filosofía positiva, es indispensable, primero, analizar
de forma conjunta la marcha progresiva del espíritu humano. Porque una concepción cualquiera, no puede ser bien conocida, si no

es a través de su historia".

2.- "Al estudiar el desarrollo completo (total) de la inteligencia humana, desde sus distintas esferas de actividad, desde su primer impulso hasta nuestro días, como primer aspecto, creo haber descubierto una gran ley fundamental. Esta ley consiste en que cada una de nuestras principales concepciones, cada rama de nuestro conocimiento, ha pasado sucesivamente por tres diferentes estadios teóricos: El teológico o ficticio; el metafísico o abstracto; el científico o positivo. En otros términos, el espíritu humano, por su naturaleza, usa sucesivamente en cada búsqueda, tres métodos filosóficos cuyas características son esencialmente diferentes y asimismo radicalmente opuestas; primero el método teológico, luego el método metafísico y por último el positivo. De allí, tres caminos filosóficos, o sistemas generales de conceptos sobre cada tipo de fenómenos, que se excluyen mutuamente; el primero es el punto de partida necesario del espíritu humano; el tercero es el estado fijo y definitivo; el segundo está destinado solamente para servir de transición".

3.- "En el estadio teológico, el espíritu humano dirige su búsqueda hacia la naturaleza íntima de los seres, razones primeras y finales de todos los hechos que lo afectan, en una palabra, hacia el conocimiento absoluto; se representa cada fenómeno como producto de la acción directa y continua de muchos y numerosos agentes sobrenaturales, cuyas arbitrarias intervenciones explican todas las anomalías aparentes del universo".

4.- "En el estadio metafísico, que no es en el fondo más que una simple modificación del primero, los agentes sobrenaturales son reemplazados por fuerzas abstractas, entidades reales (abstracciones personificadas) inherentes a los diversos seres del mundo, y concebidos como capaces de generar por sí mismos todos los fenómenos observables, donde la explicación consiste en asignar para cada cual la entidad o abstracción correspondiente".

5.- "Finalmente en el estadio positivo, el espíritu humano reconoce la imposibilidad de obtener una noción absoluta, renuncia a buscar el origen y el destino del universo, y a tratar de conocer las causas íntimas (primeras) de los fenómenos, para tratar de descubrir, a través del uso combinado de la observación y del raciocinio, las leyes efectivas que permitan decir o determinar las relaciones invariables de sucesión y similitud que existan entre ellos. La explicación de estos hechos reducida a términos reales, no es, en adelante, más que el enlace establecido entre los distintos fenómenos particulares y cada hecho general en donde el progreso de la ciencia tiende más y más a reducirlos".

6.- "El sistema teológico llega a su máxima perfección posible, cuando sustituye la acción providencial de un único ser, por el variado juego de numerosos seres independientes que ha podido crear primitivamente. En el mismo sentido, el último paso (etapa) del sistema metafísico consiste en concebir, en lugar de diferentes entidades particulares, sólo una gran entidad general, la naturaleza, considerada como la fuente única de todos los fenómenos. Paralelamente, la perfección del sistema positivo, hacia el cual se tiende ininterrumpidamente, que lo más probable es que jamás sea alcanzado, será el poder representar todos los fenómenos observables como casos particulares de un único hecho (caso) particular, así como la gravitación, por ejemplo".

7.- "Este no es el lugar donde se pueda demostrar esta ley fundamental de desarrollo del alma humana, y deducir las más importantes consecuencias de la misma. Trataremos directamente, con toda la extensión posible (conveniente), dar la partida de este curso relativo al estudio de los fenómenos sociales... Presentado así, con el fin de no abandonar completamente la demostración de una ley de esta importancia, donde cuyas aplicaciones se han presentado frecuentemente en toda la extensión de este curso, me he limitado a una rauda explicación de los motivos generales que son más sensibles y que se puedan constatar con exactitud. En primer lugar, para exponerlo tal como una ley, es suficiente, así lo creo, para determinarlo con precisión y hacer que sea inmediatamente verificable como causa por todos quienes pueden tener conocimientos profundos de la historia general de las ciencias. Efectivamente, esto no es sólo llegar al estadio positivo, cada cual puede representarse a sí mismo en el pasado confortablemente, compuesto esencialmente por abstracciones metafísicas, y, cuando aun más, todo hecho está dominado por las concepciones teológicas. Nosotros aún tendremos, desafortunadamente, más que una oportunidad formal de reconocerlo, en varias partes de este curso, que las ciencias más perfeccionadas aún hoy conservan apreciables rasgos de estos estadios primitivos".

8.- "Esta revolución general del espíritu humano quizás puede ser constatada hoy en día, de una manera muy apreciable, o tal vez indirectamente, cuando consideramos el desarrollo de la inteligencia de cada individuo. El punto de partida estaría necesariamente en la educación del individuo de la especie, las distintas fases del primero deben representar las fases (tiempos) fundamentales de la segunda. Así, cada uno de nosotros, cuando vemos nuestra propia historia, no podemos sino recordar, que ellas tuvieron así como las más importantes nociones, el estadio teológico o niñez, el metafísico o juventud y el psíquico (positivo) o virilidad (madurez)".

9.- "...Por estos motivos la filosofía positiva es la verdadera edad definitiva de la inteligencia humana, hacia la cual siempre se tiende más y más, lo único que puede ofrecer a nuestro espíritu un interés suficiente. Al mantener esto es muy fácil sentir que para pasar de la filosofía provisoria a la filosofía definitiva, el espíritu humano debe naturalmente adoptar, como filosofía transitoria, los métodos y doctrinas metafísicas. Esta última consideración es indispensable para completar la ojeada general de la gran ley que he expuesto".

(Párrafos extraídos de *Curso de Filosofía Positiva*. 1853)

c. Carlos Marx (1818-1883)

Visión económica de la historia

Nació en 1818 en Tréveris (Alemania). Su padre fue un abogado judío liberal que, cuando Carlos era todavía un niño, se convirtió al protestantismo con toda la familia y entró al servicio del rey de Prusia. Cursó estudios en las universidades de Bonn, Berlín y Jena. Falleció en Londres el año 1883.

Después de una controvertida actividad periodística, estudió en París filosofía, historia y ciencia política. En 1844 se reunió con Engels y ambos comenzaron a trabajar juntos en el análisis de los principios teóricos del comunismo y la organización de un movimiento internacional de trabajadores dedicado a la difusión de aquellos. Juntos continuaron durante toda su vida.

En 1847, Marx y Engels recibieron el encargo de elaborar una declaración de principios que sirviera para unificar las asociaciones comunistas e integrarlas a la Liga de los Justos (Liga Comunista). Así nació el *Manifiesto Comunista* en el que se transparenta la relación poco conocida de atracción–odio de Marx con algunos obispos, preocupados por el *problema social,* como se lo comenzaba a llamar entonces. Uno de ellos es el francés Girard de Cambrai quien había acuñado en 1844 la expresión "explotación del hombre por el hombre". Pero Marx muestra sobre todo antipatía por el alemán Ketteler, desde 1850 obispo de Maguncia, quien precisamente en 1848, había dicho que "el problema de nuestro tiempo era el social". Las proposiciones centrales del *Manifiesto,* debidas a Marx, constituyen una primera versión del materialismo histórico o dialéctico formulado en forma más rigurosa en la *Crítica de la Economía Política* (1859). Allí presenta los sistemas económicos dominantes de cada época histórica, mediante los cuales se satisfacen las necesidades vitales de los individuos. La propiedad privada de los medios de producción divide a los hombres en explotadores y explotados, entre los que dan trabajo y los que lo necesitan para vivir. Esta infraestructura económica determina la superestructura política, intelectual, artística de cada período. Así toda la historia humana se reduce a la lucha entre explotadores y explotados, que culmina en la sociedad industrial.

El *Manifiesto* fue publicado el mismo año de las fallidas revoluciones de 1848 en Francia, Alemania y el imperio austriaco. Expulsado de Bélgica, Alemania y Francia, Marx se trasladó a Londres, donde permaneció desde 1849 hasta el fin de sus días. Allí se dedicó a profundizar sus ideas, publicar nuevos escritos y a alentar la creación de un movimiento comunista internacional. En 1864 se funda en Londres la primera Internacional. Durante este período elaboró varias obras que son la base doctrinal de la teoría comunista. Entre ellas se encuentra su libro más importante, *El Capital* (volumen 1, 1867; volúmenes 2 y 3 editados por Engels y publicados a título póstumo en 1885 y 1894, respectivamente), en él desarrolló la siguiente teoría: la clase trabajadora es explotada por la clase capitalista al apropiarse ésta del 'valor excedente', de la plusvalía producida por aquella. En su *Crítica al Programa de Gotha* (1875) explicitó la idea de dictadura del proletariado: "entre los sistemas capitalista y comunista se encuentra el período de transformación revolucionaria de uno en otro. Esta fase corresponde a un período de transición, cuyo estado no puede ser otro que la dictadura revolucionaria del proletariado".

Marx reacciona contra su maestro Hegel y opone al idealismo dialéctico un materialismo dialéctico. Invierte la afirmación de que todo es espíritu y sostiene que todo es materia. No obstante, adorna esta materia con las dotes del espíritu, de movilidad por sí misma; la supone eterna, omnisciente y omnipotente, vale decir, la diviniza. Pero su despliegue dialéctico es tripartito como el de Hegel y, al igual que él, reproduce consciente o inconscientemente bajo una forma la visión cristiana de la historia: el Antiguo Testamento, que es el pasado, Nuevo Testamento, que es el presente, y preparación para la gloria, que es el futuro definitivo.

En consecuencia, el sistema de Marx culmina, como el de Hegel y el de Comte, una nueva visión de la historia, articulada, en tres etapas fundamentales, pero sobre la base de las relaciones económicas de producción. Todo lo demás, la religión, el arte, la filosofía, la ciencia, el derecho no son, según él, sino superestructuras derivadas de esas relaciones de producción. De ahí que para él no haya más salida que la violencia y la revolución. Al cambio interior de las personas, que repercute sobre las instituciones, opone Marx el cambio exterior de las instituciones o estructuras para transformar al hombre y a los pueblos. "No es la conciencia de los seres humanos lo que determina su ser –escribe en *El Capital*–, sino, al contrario, el ser social del hombre lo que determina su conciencia".

Atendiendo al peso determinante de las relaciones de producción, toda la historia humana en sus tres etapas gira en torno a la invención de la propiedad privada. El pasado, la tesis en el proceso dialéctico de la historia, es la sociedad primitiva anterior a la propiedad privada. El presente o antítesis, la sociedad de clases fundada sobre la propiedad privada de los medios de producción, que opone a los hombres en una lucha inevitable y sin cuartel entre la clase explotadora de los propietarios y la clase explotada, de los proletarios. El futuro feliz o síntesis será una sociedad sin clases, sin Estado, producto del exterminio de los explotadores por el proletariado.

Este papel mesiánico del proletariado parece traicionar algunos rasgos cristianos. Desde luego, la invención de la propiedad privada evoca al pecado original, separa la época pasada, donde eso no se conoció, de la época presente que sufre a causa de él y gime por su liberación. El advenimiento de la tercera época, final y feliz, marcará el fin de la historia y consistirá precisamente en esa liberación, que en la visión cristiana es obra personal del Dios hecho hombre, y en la de Marx, obra anónima del proletariado. Mediante una revolución mundial, el proletariado será el que acabará con la propiedad privada de los medios de producción y, por tanto, con la clase explotadora, con el Estado y, en definitiva, con la explotación del hombre por el hombre, para inaugurar una era definitiva fundada en la propiedad colectiva de esos medios de producción y la consiguiente abolición de las clases sociales y del Estado.

La historia del marxismo es espectacular. Es la única doctrina que consiguió capturar un Estado. Transformó la Santa Rusia, en la Rusia Soviética, una superpotencia mundial al servicio de una ideología, es decir, de un sustituto de la religión. Pero los hechos no correpondieron a los ideales. A lo largo de su historia desde 1917 hasta 1987, el marxismo se debatió en una maraña de contradicciones, tan insolubles como la propia idea de una materia dotada de la dialética del espíritu.

Para empezar, su triunfo en Rusia en 1917 se produjo en contradicción con la doctrina de Marx, en un país no industrializado, donde las contradicciones de clase no habían llegado al paroxismo. Por otra parte, ese triunfo tampoco permitió construir la sociedad sin clases y sin Estado, sino, por el contrario, el primer Estado totalitario de la historia, cuyos horrores no pudieron disimularse bajo una transitoria dictadura del proletariado. Así las cosas, después de los mayores horrores, este Estado genocida, como se lo llamó, se derrumbó por sí solo. Con la esperanza de alcanzar el paraíso soviético generaciones se sacrificaron bajo la férula de una *nomenklatura*, implacable pero cada vez más desencantada, hasta que los propios rusos se negaron a seguir sacrificándose a cuenta de un futuro; la comparación con las otras potencias industrializadas, se hacía cada vez más inverosímil.

El derrumbe de la Unión Soviética tuvo repercusiones mundiales. Por de pronto, puso fin a la partición de Berlín, de Alemania, de Europa y del mundo entre dos superpotencias, los Estados Unidos y la Unión Soviética. Pero, por encima de eso, significó un *Wende*, como se le conoce en alemán, un vuelco histórico, en cuanto puso fin al intento más consecuente de realizar el ideal racionalista de rehacer el mundo según los dictados de la razón humana y, concretamente, como en la Unión Soviética, de una ideología. Aunque esté muy próximo a nosotros, se advierte que es realmente un *Wende*. Marca el fin de una época –del racionalismo, del antropocentrismo y de las ideologías, a las que bruscamente se vuelve la espalda, como meros metarelatos–, en una palabra, el fin de la modernidad ilustrada y el despuntar de una postmodernidad, de contornos aún inciertos.

1.- "La historia de todas las sociedades hasta nuestros días es la historia de las luchas de clases. Hombres libres y esclavos, patricios y plebeyos, señores y siervos, maestros y oficiales, en una palabra: opresores y oprimidos, se enfrentaron siempre, mantuvieron una lucha constante, velada unas veces y otras franca y abierta; lucha que terminó siempre con la transformación revolucionaria de toda la sociedad o el hundimiento de las clases en pugna.

En las anteriores épocas históricas encontramos casi por todas partes una completa diferenciación de la sociedad en diversos estamentos, una múltiple escala gradual de condiciones sociales. En la antigua Roma hallamos patricios, caballeros, plebeyos y esclavos; en la Edad Media, señores feudales, vasallos, maestros, oficiales y siervos, y, además, en casi todas estas clases todavía encontramos gradaciones especiales.

La moderna sociedad burguesa, que ha salido de entre las ruinas de la sociedad feudal, no ha abolido las contradicciones de clase. Únicamente ha sustituido las viejas clases, las viejas condiciones de opresión, las viejas formas de lucha por otras nuevas".

2.- "Nuestra época, la época de la burguesía, se distingue, sin embargo, por haber simplificado las contradicciones de clase. Toda la sociedad va dividiéndose, cada vez más, en dos grandes campos enemigos, en dos grandes clases, que se enfrentan directamente: la burguesía y el proletariado. De los siervos de la Edad Media surgieron los vecinos libres de las primeras ciudades; de este estamento urbano salieron los primeros elementos de la burguesía.

El descubrimiento de América y la circunnavegación de África ofrecieron a la burguesía en ascenso un nuevo campo de actividad. Los mercados de la India y de China, la colonización de América, el intercambio con las colonias, la multiplicación de los medios de cambio y de las mercancías en general imprimieron al comercio, a la navegación y a la industria, un impulso hasta entonces desconocido, y aceleraron con ello el desarrollo del elemento revolucionario de la sociedad feudal en descomposición".

3.- "La antigua organización feudal o gremial de la industria ya no podía satisfacer la demanda, que crecía con la apertura de nuevos mercados. Vino a ocupar su puesto la manufactura. El estamento medio industrial suplantó a los maestros de los gremios; la división del trabajo entre las diferentes corporaciones desapareció ante la división del trabajo en el seno del mismo taller. Pero los mercados crecían sin cesar; la demanda iba siempre en aumento. Ya no bastaba tampoco la manufactura. El vapor y la maquinaria revolucionaron entonces la producción industrial. La gran industria moderna sustituyó la manufactura; el lugar del estamento medio industrial vinieron a ocuparlo los industriales millonarios –jefes de verdaderos ejércitos industriales–, los burgueses modernos".

4.- "La gran industria ha creado el mercado mundial, ya preparado por el descubrimiento de América. El mercado mundial aceleró prodigiosamente el desarrollo del comercio, de la navegación y de los medios de transporte por tierra. Este desarrollo influyó, a su vez, en el auge de la industria, y a medida que se iban extendiendo la industria, el comercio, la navegación y los ferrocarriles, desarrollábase la burguesía, multiplicando sus capitales y relegando a segundo término a todas las clases legadas por la Edad Media".

5.- "La burguesía moderna, como vemos, es ya de por sí fruto de un largo proceso de desarrollo, de una serie de revoluciones en el mundo de producción y de cambio.

Cada etapa de la evolución recorrida por la burguesía ha ido acompañada del correspondiente progreso político. Estamento bajo la denominación de los señores feudales; asociación armada y autónoma de la comuna; en unos sitios, República urbana independiente; en otros, tercer estado tributario de la monarquía; después, durante el período de la manufactura, contrapeso de la nobleza en las monarquías estamentales, absolutas y, en general, piedra angular de las grandes monarquías, la burguesía, después del establecimiento de la gran industria y del mercado universal, conquistó finalmente la hegemonía exclusiva del poder político en el Estado representativo moderno. El gobierno del Estado moderno no es más que una junta que administra lo negocios comunes de toda la clase burguesa. La burguesía ha desempeñado en la historia un papel altamente revolucionario".

6.- "Donde quiera que ha conquistado el poder, la burguesía ha destruido la relaciones feudales, patriarcales, idílicas. Las abigarradas ligaduras feudales que ataban al hombre, superiores naturales, las ha desgarrado sin piedad para no dejar subsistir otro vínculo entre los hombres que el frío interés, el cruel 'pago al contado'. Ha ahogado el sagrado éxtasis del fervor religioso, el entusiasmo caballeresco y el sentimentalismo del pequeño burgués en las aguas heladas del cálculo egoísta. Ha hecho de la dignidad personal un simple valor de cambio. Ha sustituido las numerosas libertades escrituradas y adquiridas por la única y desalmada libertad de comercio. En una palabra, en lugar de la explotación velada por ilusiones religiosas y políticas, ha establecido una explotación abierta, descarada, directa y brutal".

7.- "La burguesía no puede existir sino a condición de revolucionar incesantemente los instrumentos de producción, y con ello todas las relaciones sociales. La conservación del antiguo modo de producción era, por el contrario, la primera condición de existencia de todas las clases industriales precedentes. Una revolución continua en la producción, una incesante conmoción de todas las condiciones sociales, una inquietud y un movimiento constante distinguen la época burguesa de todas las anteriores. Todas las relaciones estancadas y enmohecidas, con su cortejo de creencias y de ideas veneradas durante siglos, quedan rotas, las nuevas se hacen añejas antes de llegar a osificarse. Todo lo estamental y estancado se esfuma; todo lo sagrado es profanado, y los hombres, al fin, se ven forzados a considerar serenamente sus condiciones de existencia y sus relaciones recíprocas".

8.- "Espoleada por la necesidad de dar cada vez mayor salida a sus productos, la burguesía recorre el mundo entero. Necesita anidar en todas partes, establecerse en todas partes, crear vínculos en todas partes. Mediante la explotación del mercado mundial, la burguesía ha dado un carácter cosmopolita a la producción y al consumo de todos los países, con gran sentimiento de los reaccionarios, ha quitado a la industria su base nacional. Las antiguas industrias nacionales han sido destruidas y están destruyéndose continuamente. Son suplantadas por nuevas industrias, cuya introducción se convierte en cuestión vital para todas las naciones civilizadas, por industrias que ya no emplean materias primas indígenas, sino materias primas venidas de las más lejanas regiones del mundo, y cuyos productos no sólo se consumen en el propio país sino en todas las partes del globo. En lugar de las antiguas necesidades, satisfechas con productos nacionales, surgen necesidades nuevas, que reclaman para su satisfacción productos de los países más apartados y de los climas más diversos, en lugar del antiguo aislamiento y la autarquía de las regiones y naciones. Y esto se refiere tanto a la producción material, como a la intelectual. La producción intelectual de una nación se convierte en patrimonio común de todas. La estrechez y el exclusivismo nacionales resultan de día en día más imposibles; de las numerosas literaturas nacionales y locales se forma una literatura universal".

9.- "La burguesía suprime cada vez más el fraccionamiento de los medios de producción, de la propiedad y de la población. Ha aglomerado la población, centralizado los medios de producción y concentrado la propiedad en manos de unos pocos. La consecuencia obligada de ello ha sido la centralización política. Las provincias independientes, ligadas entre sí casi únicamente por lazos federales, con intereses, leyes, gobiernos y tarifas aduaneras diferentes, han sido consolidadas en una sola nación, bajo un solo gobierno, una sola ley, un solo interés nacional de clase y una sola línea aduanera".

10.- "Las armas de que se sirvió la burguesía para derribar el feudalismo se vuelven ahora contra la propia burguesía. Pero la burguesía no ha forjado solamente las armas que deben darle muerte; ha producido también a los hombres que empuñarán esas armas:

los obreros modernos, los proletarios. En la misma proporción en que se desarrolla la burguesía, es decir, el capital, desarróllase también el proletariado, la clase de los obreros modernos, que no viven sino a condición de encontrar trabajo, y lo encuentran únicamente mientras su trabajo acrecienta su capital. Estos obreros, obligados a venderse al detalle, son una mercancía como cualquier otro artículo de comercio, sujeta, por tanto, a todas las vicisitudes de la competencia, a todas las fluctuaciones del mercado".

11.- "(…) Una vez que el obrero ha sufrido la explotación del fabricante y ha recibido su salario en metálico, se convierte en víctima de otros elementos de la burguesía: el casero, el tendero, el prestamista, etc. Pequeños industriales, pequeños comerciantes y rentistas, artesanos y campesinos, toda la escala inferior de las clases medias de otro tiempo, caen en las filas del proletariado; unos, porque sus pequeños capitales no les alcanzan para acometer grandes empresas industriales y sucumben en la competencia con los capitalistas más fuertes; otros, porque su habilidad profesional se ve despreciada ante los nuevos métodos de producción. De tal suerte, el proletariado se recluta en todas las clases de la población. El proletariado pasa por diferentes etapas de desarrollo. Su lucha contra la burguesía comienza con su surgimiento. Al principio la lucha se entabla por obreros aislados, después, por los obreros de una misma fábrica, más tarde, por los obreros del mismo oficio de la localidad contra el burgués individual que los explota directamente. No se contentan con dirigir sus ataques contra las relaciones burguesas de producción, y los dirigen contra los mismos instrumentos de producción: destruyen las mercancías extranjeras que les hacen competencia, rompen las máquinas, incendias las fábricas, intentan reconquistar por la fuerza la posición perdida del artesano de la Edad Media".

12.- "En general, las colisiones en la vieja sociedad favorecen de diversas maneras el proceso de desarrollo del proletariado. La burguesía vive en lucha permanente; al principio, contra la aristocracia; después, contra aquellas funciones de la misma burguesía, cuyos intereses entran en contradicción con los progresos de la industria, y siempre, en fin, contra la burguesía de todos los demás países. En todas partes esta lucha se ve forzada a apelar al proletariado, a reclamar su ayuda y arrástrale así al movimiento político. De tal manera, la burguesía proporciona a los proletarios los elementos de su propia educación, es decir, armas contra ella misma. Además, como acabamos de ver, el progreso de la industria precipita a las filas del proletariado a capas enteras de la clase dominante o, al menos, las amenaza en sus condiciones de existencia. También ellas aportan al proletariado numerosos elementos de educación. Finalmente, en los períodos en que la lucha de clases se acerca a su desenlace, el proceso de desintegración de la clase dominante, de toda la vieja sociedad, adquiere un carácter tan violento y tan agudo que una pequeña fracción de esa clase reniega de ella y se adhiere a la clase revolucionaria, a la clase en cuyas manos está el porvenir.

Y así como antes una parte de la nobleza se pasó a la burguesía, en nuestros días un sector de la burguesía se pasa al proletariado, particularmente ese sector de los ideólogos burgueses que se han elevado hasta la compresión teórica del conjunto del movimiento histórico".

13.- "(...) Todas las clases que en el pasado lograron hacerse dominantes trataron de consolidar la situación adquirida sometiendo a toda sociedad a las condiciones de su modo de apropiación. Los proletarios no pueden conquistar las fuerzas productivas sociales, sino aboliendo su propio modo de apropiación en vigor y, por tanto, todo modo de apropiación existente hasta nuestros días. Los proletarios no tienen nada que salvaguardar; tienen que destruir todo lo que hasta ahora ha venido garantizando y asegurando la propiedad privada existente. Todos los movimientos han sido hasta ahora realizados por minorías o en provecho de minorías. El movimiento proletario es un movimiento propio de la inmensa mayoría en provecho de la inmensa mayoría. El proletariado, capa inferior de la sociedad actual, no puede levantarse, no puede enderezarse, sin hacer saltar toda la superestructura formada por las capas de la sociedad oficial".

14.- "Por su forma, aunque no por su contenido, la lucha del proletariado contra la burguesía es primeramente una lucha nacional. Es natural que el proletariado de cada país deba acabar en primer lugar con su propia burguesía. Al esbozar las fases más generales del desarrollo del proletariado, hemos seguido el curso de la guerra civil más o menos oculta que se desarrolla en el seno de la sociedad existente, hasta el momento en que se transforma en una revolución abierta, y el proletariado, derrocando por la violencia a la burguesía, implanta su dominación. Todas las sociedades anteriores, como hemos visto, han descansado en el antagonismo entre clases opresoras y oprimidas. Mas para poder oprimir a una clase, es preciso asegurarles unas condiciones que le permitan, por lo menos, arrastrar su existencia de esclavitud. El siervo, en pleno régimen de servidumbre, llegó a miembro de la comuna, lo mismo que el pequeño burgués llegó a elevarse a la categoría de burgués bajo el yugo del absolutismo feudal. El obrero moderno, por el contrario, lejos de elevarse con el progreso de la industria, desciende siempre más y más por debajo de las condiciones de vida de su propia clase. El trabajador cae en la miseria, y el pauperismo crece más rápidamente todavía que la población y la riqueza. Es, pues, evidente que la burguesía ya no es capaz de seguir desempeñando el papel de clase dominante de la sociedad ni de imponer a ésta, como ley reguladora, las condiciones de existencia de su clase. No es capaz de dominar, porque no es capaz de asegurar a su esclavo la existencia ni siquiera dentro del marco de la esclavitud, porque se ve obligada a dejarle decaer hasta el punto de tener que mantenerle, en lugar de ser mantenida por él. La sociedad ya no puede vivir bajo su dominación, lo que equivale a decir que la existencia de la burguesía es, en lo sucesivo, incompatible con la de la sociedad".

15.- "Los comunistas no tienen que guardar encubiertas sus ideas e intenciones. Abiertamente declaran que sus objetivos sólo pueden alcanzarse derrocando por la violencia todo el orden social existente. Tiemblen, si quieren, las clases gobernantes, ante la perspectiva de una revolución comunista. Los proletarios, con ella, no tienen nada que perder, como no sea sus cadenas. Tienen en cambio, un mundo entero que ganar".

(Párrafos extraídos de Manifiesto Comunista, 1847)

a. Osvaldo Spengler (1880-1936)

Visión orgánica de la historia

La Primera Guerra Mundial puso en evidencia, por una parte, la inconsistencia de la creencia en el progreso indefinido de la humanidad y, por otra, el alcance planetario de la historia humana, que no podía reducirse a Europa. En este ambiente, la obra de Spengler, *Der Untergang des Abendlandes* (La decadencia de Occidente), tuvo reso-

CUARTA PARTE

VISIONES MULTICULTURALES DE LA HISTORIA

nante difusión. En ella se critica la estrechez de la historiografía corriente: centrada en lo político-militar, con criterio nacionalista y con una periodización –Antigüedad, Edad Media, Edad Moderna– válida sólo para Europa. Spengler propone un nuevo enfoque de la historia. Comienza por señalar la diferencia entre el mundo físico, regido por leyes de causalidad y el mundo histórico, regido por la *lex* del sino o desarrollo vital. A ella se ciñen las culturas, que son verdaderos organismos vivos, y, por tanto, dotados de formas típicas comparables entre sí (formas de pensamiento, de arte, de sociedad, de economía, etc.), sujetos a unas mismas etapas de evolución (nacimiento-primavera, crecimiento-verano, madurez-otoño y muerte-invierno, en que se convierten en civilizaciones) e inmunes de influencias recíprocas. La historia no se reduce a registrar sucesos sino que debe descubrir su significación, la cual radica en la relación de ellos con la vida de una cultura. En consecuencia, no existe una historia de la humanidad sino una historia comparativa de las distintas culturas: tal es el único sentido posible de la historia universal.

Antes de una cultura, después, o fuera de ella, los hombres no tienen historia pues sus modos de vida carecen de una forma peculiar, son una simple agregación, desprovista de sentido. Dentro de una cultura sólo cabe actuar en el sentido de la época en que se vive, sin que se pueda alterar su curso, el que depende de un sino vital inconceptualizable. Con todo, en el pensamiento de Spengler no se resuelve la antinomia entre la vida personal y la de la cultura a que se pertenece. Su obra representa un intento de construir una visión global de la historia a partir de la propia historia. No llega a conseguirlo pero, en cambio, dilata el horizonte histórico. Conceptos tales como cultura y época histórica, fundados en la conexión profunda de las distintas formas de vida, contribuyeron a renovar el pensamiento histórico contemporáneo. Pese a algunas exageraciones y puntos discutibles, sus interpretaciones han marcado nuevas rutas a la investigación.

Dentro de su obra ha tenido singular resonancia el estudio de la decadencia, como fase final de una cultura. De una u otra forma se reconocen en su descripción rasgos de la Europa y la América del siglo XX. Decadencia, vulgarización, masificación y la llamada globalización, encuentran en ella un punto de comparación y referencia.

1.- "El tema estricto es, pues, el análisis de la decadencia de la cultura occidental. Pero mi propósito es exponer toda una filosofía, con su método característico –que habrá de hacer aquí sus pruebas– consistente en una morfología comparativa de la historia universal".

Introducción, 16, p. 81

2.- "Este esquema, tan corriente en la Europa occidental, hace girar las grandes culturas en torno nuestro, como si fuéramos nosotros el centro de todo el proceso universal. Yo le llamo sistema tolemaico de la historia y considero como el descubrimiento copernicano, en el terreno de la historia, el nuevo sistema que este libro propone, sistema en el cual la Antigüedad y el Occidente aparecen junto a la India, Babilonia, China, Egipto, la cultura árabe y la cultura mexicana, sin adoptar en modo alguno una posición privilegiada. Todas estas culturas son manifestaciones y expresiones cambiantes de una vida que reposa en el centro; todas son orbes distintos en el devenir universal, que pesan tanto como Grecia en la imagen total de la historia y la superan, con mucho, en grandeza de concepciones y en potencial ascensional".

Introducción, 6, p. 43-44

3.- "Pero 'la humanidad' no tiene un fin, una idea, un plan; como no tiene fin ni plan la especie de las mariposas o de las orquídeas. 'Humanidad' es un concepto zoológico o una palabra vana".

Introducción, 8, p. 48

4.- "En lugar de la monótona imagen de una historia universal en línea recta, que sólo se mantiene porque cerramos los ojos ante el número abrumador de los hechos, veo yo el fenómeno de múltiples culturas poderosas que florecen con vigor cósmico en el seno de una tierra madre, a la que cada una de ellas está unida por todo el curso de su existencia. Cada una de esas culturas imprime a su materia, que es el hombre, su forma *propia*; cada una tiene su *propia* idea, sus *propias* pasiones, su *propia* vida, su querer, su sentir, su morir propios".

Id., p. 46.

5.- "La parte visible, exterior, de toda historia, tiene, pues, la misma significación que la apariencia externa de un hombre, su estatura, sus gestos, su porte, su manera de andar, de hablar, de escribir. Todas estas formas expresivas tienen un gran valor para el buen conocedor de hombres. El cuerpo, con todas sus manifestaciones, lo limitado, el producto, lo perecedero, es expresión del alma. Pero conocer a los hombres es así mismo conocer esos organismos humanos de estilo portentoso que llamo culturas: es interpretar sus gestos, sus ademanes, su lenguaje, sus acciones, como se interpretan las de un individuo".

1ª parte, cap. II, p. 5, 147

6.- "Algo hay que da sentido y contenido a ese mundo fugaz de las formas históricas, algo que hasta ahora ha permanecido enterrado bajo la masa mal entendida de las fechas y de los hechos tangibles; es el fenómeno de las grandes culturas".

1ª parte, cap. II, p. 151

7.- "Cada cultura posee sus propias posibilidades de expresión, que germinan, maduran, se marchitan y no reviven jamás. Hay muchas plásticas muy diferentes, muchas pinturas, muchas matemáticas, muchas físicas; cada una de ellas es, en su profunda esencia, totalmente distinta de las demás; cada una tiene su duración limitada; cada una está encerrada en sí misma, como cada especie vegetal tiene sus propias flores y sus propios frutos, su tipo de crecimiento y de decadencia. Esas culturas, seres vivos de orden superior, crecen en una sublime ausencia de todo fin y propósito, como flores en el campo. Pertenecen cual planta y animal, a la naturaleza viviente de Goethe, no a la naturaleza muerta de Newton. Yo veo en la historia universal la imagen de una eterna formación y deformación, de un maravilloso advenimiento y perecimiento de formas orgánicas. El historiador de oficio, en cambio, concibe la historia a la manera de una tenia que, incansablemente, va añadiendo época tras época".

Introducción, 7, p. 18

8.- "Toda cultura pasa por los mismos estadios que el individuo, tiene su niñez, su juventud, su virilidad, su vejez".

1ª parte, cap. II, 7, p. 154

9.- "Así como las hojas, las flores, las ramas, los frutos, expresan por su aspecto, forma y posición, una determinada especie vegetal, así también las formaciones religiosas, científicas, políticas, económicas, expresan una cultura. Lo que para la individualidad de Goethe significan la serie de sus varias manifestaciones en el Fausto, en la teoría de los colores en el Zorro Reinecke, en el Tasso,

en el Werther, en el viaje a Italia, en el amor a Federica, en el Diván
y en las Elegías romanas, eso mismo significan, para la individualidad de la cultura antigua las guerras médicas, la tragedia ática,
la polis, el movimiento dionisiaco, la tiranía, la columna jónica, la
geometría de Euclides, la legión romana, los combates de gladia-
dores y el *panem et circenses* de la época imperial".

10.- "Espero demostrar que, sin excepción, todas las creaciones y
formas de la religión, del arte, de la política, de la sociedad, de la
economía, de la ciencia, en todas las culturas, nacen, llegan a su
plenitud y se extinguen, en épocas correspondientes; que la estructura interna de cualquiera de ellas coincide exactamente con la
de todas las demás; que no hay en el cuadro histórico de una cultura un sólo fenómeno de honda significación fisiognómica cuyo
correlato no pueda encontrarse en las demás culturas, en forma
característica y en un punto determinado".

1ª parte, cap. 11, 8, p. 160

11.- "Vistas así las cosas, se ofrece una posibilidad que supera a
todas las ambiciones de nuestra historiografía, la cual se ha limitado, en esencia a ensartar unos tras otros los hechos conocidos del
pasado. Me refiero a la posibilidad de avanzar más allá del presente, más allá de los límites de la investigación, y predecir la forma,
la duración, el ritmo, el sentido, el resultado de las fases históricas
que aún no han transcurrido; me refiero también a la posibilidad
de reconstruir épocas pretéritas, muy remotas y desconocidas, culturas enteras del pasado, por medio de las conexiones morfológi-
cas. Este método, en cierto modo, se parece al de la paleontología,
que, por el examen de un pedazo de cráneo, infiere datos seguros
sobre el esqueleto y la especie a que el ejemplar pertenece.
Si suponemos que el historiador sabe compenetrarse con el ritmo
fisiognómico, le será posible, interpretando detalles sueltos de la
ornamentación, de la construcción, de la escritura, o datos aislados
de índole político, económico, religioso, reconstruir los rasgos orgánicos fundamentales, el cuadro histórico, durante siglos enteros.
Ciertas particularidades de las formas artísticas le permitirán,
por ejemplo, inferir la forma política contemporánea, y los principios matemáticos le darán a conocer acaso el carácter de la economía de la misma época".

Id., p. 161

12.- "La aparición súbita del tipo de la gran cultura dentro de la historia humana, es un accidente casual cuyo sentido no podemos comprobar. No sabemos tampoco si en la existencia del orbe sobrevendrá de pronto un acontecimiento que produzca una forma completamente nueva. Pero el hecho de que a nosotros se ofrece el espectáculo de ocho grandes culturas, todas de igual tipo constructivo y de evolución y duración homogénea, nos permite hacer un estudio comparativo y nos da un conocimiento que se extiende hacia atrás sobre épocas desaparecidas, y hacia adelante sobre períodos por venir, siempre en la hipótesis de que un sino de orden superior no venga a sustituir este mundo de formas por otro completamente nuevo. Autorízanos a ello nuestra experiencia general de la existencia orgánica. En la historia de las aves de rapiña o de las coníferas no podemos prever si aparecerá, y cuándo aparecerá, una nueva especie; de igual manera, en la historia de las culturas es imposible prever la aparición en el futuro de una cultura nueva. Pero desde el momento en que el seno materno ha recibido los gérmenes de un nuevo ser, desde el momento en que una semilla ha sido enterrada, ya sabemos cuál ha de ser la forma interna del nuevo ciclo vital, que podrán perturbar fuerzas exteriores en el curso pacífico de su desenvolvimiento, pero cuya esencia misma no puede ser alterada".

2ª parte, cap. 1, 9, p. 50

13.- "Con el tipo de la gran cultura aparece en lugar de ese elemento impersonal (propio de la cultura primitiva) una *tendencia* fuerte y uniforme. En la cultura primitiva no hay más seres animados que los hombres, las tribus y estirpes. *Pero aquí la cultura misma es un ser animado.* Lo primitivo es siempre suma: suma de formas que expresan primitivos ligámenes. La cultura, en cambio, es la conciencia vigilante de un único organismo enorme que convierte las costumbres, los mitos, la técnica y el arte, y no sólo éstos, sino también los pueblos y las clases sociales, en formas variadas de un mismo idioma, con una misma historia".

Id., p. 49

14.- "Los pueblos que se hayan en el radio de una cultura son, por su forma interna y por todo su aspecto, no los creadores, sino las creaciones de esa cultura. En esas formas –los pueblos– en las cuales los hombres a modo de materia, quedan contenidos, poseen un estilo y una historia de este estilo, como los géneros artísticos y las ideologías".

2ª parte, cap. II, 17, p. 201

15.- "El hombre primitivo no tiene historia más que en sentido biológico. El que vive antes, después o fuera de una cultura es hombre inhistórico, y entonces los destinos del pueblo a que pertenece son tan indiferentes como los destinos de la tierra, cuando no la consideramos en el cuadro de la geología de la astronomía".

2ª parte, cap. I, II, p. 64-65

16.- "Síguese de todo una estructura natural de las clases, estructura que en su evolución y en su actuación constituye el esqueleto fundamental en el ciclo de toda cultura. No ha sido creada por revolución, ni puede ser cambiada a voluntad. Las revoluciones no la alteran sino cuando son formas del desarrollo y no resultados de una voluntad privada".

2ª parte, cap. IV, A) 4, p. 405

17.- "Una cultura nace cuando un alma grande despierta de su estado primario y se desprende del eterno infantilismo humano; cuando una forma surge de lo informe; cuando algo limitado y efímero emerge de lo ilimitado y perdurable. Florece sobre el suelo de una comarca a la cual permanece adherida como planta. Una cultura muere cuando esa alma ha realizado la suma de sus posibilidades en forma de pueblos, lenguas, dogmas, arte, Estados, ciencias, y torna a sumergirse en la espiritualidad primitiva. Pero su existencia vivaz, esa serie de grandes épocas cuyo riguroso diseño señala en progresivo cumplimiento de su destino, es una lucha íntima, profunda, apasionada, por afirmar la idea contra las potencias y el caos en el exterior y contra la inconsciencia interior, donde han ido éstas a refugiarse coléricas. No sólo el artista lucha contra la resistencia de la materia y el aniquilamiento de la idea. Toda cultura se haya en una profunda relación simbólica y casi mística con la extensión, con el espacio, en el cual y por el cual quiere realizarse. Cuando el término ha sido alcanzado, cuando la idea, la muchedumbre de las posibilidades interiores se ha cumplido y realizado exteriormente, entonces, de pronto la cultura se anquilosa y muere: su sangre se cuaja, sus fuerzas se agotan; se transforma en civilización. Esto es lo que sentimos y comprendemos en las palabras egiptismo, pizentismo, mandarinismo. Y el cadáver gigantesco, tronco reseco y sin savia, puede permanecer erecto en el bosque siglos y siglos. Alzando sus ramas muertas al cielo".

1ª parte, cap. II, 7, p. 153

18.- "El hombre superior de la segunda era, es un *animal constructor de ciudades.* Aquí encontramos el criterio propio de la 'historia universal' que se distingue, muy precisamente, de la historia humana. *La historia universal es la historia del hombre urbano".*

2ª parte, cap. II, 1) 2, p. 111

19.- "En los tiempos primitivos, sólo el paisaje domina sobre la mirada del hombre. El paisaje campesino imprime su forma en el alma del hombre, vibra al compás del alma humana. La sensibilidad, el hombre y el rumor de las selvas cantan en un mismo ritmo. El porte, la marcha, el traje exclusivo, se amoldan a los prados y a los bosques. La aldea, con sus tejados pacíficos como suaves colinas, con el humo de la tarde, con sus pozos, sus setos, sus bestias, está toda como sumergida, tendida en el paisaje. La aldea confirma que el campo, es una exaltación de la imagen campestre. La ciudad posterior desafía al campo. Su silueta contradice las líneas de la naturaleza. La ciudad niega toda naturaleza. Quiere ser otra cosa, una cosa más elevada. Esos agudos tejados, esas cúpulas barrocas, esas torres y pináculos, no encuentran en la naturaleza nada que pueda emparejárseles. Ni quieren tampoco encontrarlo. Al fin se inicia la urbe, la urbe gigantesca, la ciudad como un mundo, la ciudad que debe ser sola y única, y comienza la labor destructiva a aniquilar el paisaje. Antaño la ciudad se entregó a la imagen del campo. Ahora la ciudad quiere reconstruir el campo a su propia semejanza".

Id., 3, p. 116 -117

20.- "Pero las naciones son los pueblos que propiamente edifican ciudades. Nacidas en los burgos, llegan a las ciudades, a la cúspide de su conciencia cósmica y de su destino, para extinguirse en las urbes cosmopolitas. Todo cuadro de ciudad, si tiene carácter, tiene un carácter nacional. La aldea, toda expresión racial, no posee aún ese carácter. La urbe no lo posee ya".

2ª parte, cap. II, 7, p. 203

21.- "Un pueblo culto, en donde la noción de pueblo coincide con 'todos', no existe. Esto es posible solamente en los pueblos primitivos y en los pueblos *felahs*, en una existencia popular sin hondura, sin rango histórico. Cuando un pueblo es realmente nación, cuando un pueblo cumple el sino de una nación, existe en él una minoría que en nombre de todos representa y realiza su historia".

Id., p. 205.

22.- "La profundidad de estos sentimientos hace que nunca pueda todo un pueblo ser por igual pueblo culto o nación. En los pueblos primitivos cada individuo posee el mismo sentimiento de la comunidad. Pero el despertar de una nación a la conciencia de sí misma se verifica siempre en gradaciones y tiene lugar sobre todo en una clase única, cuya alma es más fuerte y se impone a las débiles por la fuerza con que vive y siente. Cada nación está representada ante la historia por una minoría. Al despuntar la cultura, surge como flor del pueblo la nobleza; y en los círculos nobles es donde recibe estilo grandioso el carácter nacional, que por ser inconsciente todavía, es tanto más hondamente sentido en su ritmo cósmico".

Id., p. 204

23.- "La clase es lo más vivo que existe: es la cultura en marcha, es 'forma' acuñada que se desenvuelve viviendo... Las grandes clases son cosas completamente distintas de los grupos profesionales, como obreros, empleados, artistas; estos grupos se mantienen por tradición técnica y por el espíritu de su trabajo. Pero las grandes clases son símbolos en carne y sangre; su ser, su apariencia, su actitud, su modo de pensar, tienen un sentido simbólico. En toda cultura la clase aldeana es un puro trozo de naturaleza y de crecimiento; por lo tanto, una expresión impersonal. En cambio, la nobleza y la clase sacerdotal, son el resultado de una crianza e instrucción superior; son, pues, expresión de una cultura personal

que, por la altitud de su forma, excluye no sólo al bárbaro, al su-
dra, sino a todos los que no pertenecen a la clase, considerándolos
como restos: la nobleza los llama 'pueblo' y el sacerdote 'legos'".

2ª parte, cap. IV, A), 1, p. 388

24.- "Es una idea la que sirve de base a las dos clases primordiales
y sólo a ellas. Esta idea les proporciona el poderoso sentimiento de
un rango, concedido por Dios y, por lo tanto, substraído a toda crítica, rango que les impone el deber de respetarse a sí mismas, de
tener conciencia de sí mismas; también de someterse a la más dura
crianza y, en ocasiones, de afrontar la muerte. Ese rango confiere
a las clases primordiales la superioridad histórica, el encanto del
alma, que no presupone fuerza, pero que la crea. Los hombres que
pertenecen a dicha clase, íntimamente, y no sólo por el nombre, en
verdad, son algo distinto del resto; su vida, en oposición a la vida
aldeana y burguesa, va sustentada en una dignidad simbólica. Su
vida no es vida para ser vivida, sino para tener un sentido. En las
dos clases primordiales expresan los dos aspectos de toda vida
libre en movimiento: en una, la existencia; en otra, la conciencia".

Id., 2, p. 390

25.- "Por eso la nobleza, en sentido histórico universal, es infinitamente más de lo que las cómodas épocas postrimeras quieren
que sea. No es una suma de títulos, derechos y ceremonias, sino
una posesión íntima difícil de adquirir, difícil de conservar y que,
si se entiende bien, parece digna de que se le sacrifique una vida.
Una vieja estirpe no significa simplemente una serie de antepasados –todos tenemos abuelos– sino de antepasados que, en largas
series de generaciones, vivieron en las cumbres de la historia, y
no sólo tuvieron sino que fueron sino, y en cuya sangre, merced
a una experiencia secular, fue criada hasta la perfección la forma
del acontecer".

Id., 3, p. 396

26.- "El mundo como naturaleza rodea al sacerdote. Y éste profundiza la imagen de la naturaleza al meditar sobre ella. Pero la
nobleza vive en el mundo como historia y lo profundiza, cambiando su imagen. Las dos imágenes se desenvuelven en tradición
magna; pero aquélla es el resultado de la instrucción: ésta, de la

crianza. He aquí una diferencia fundamental entre ambas clases, mientras que la otra aparece como clase por su contraposición extrema a la primera. La crianza se extiende hasta la sangre misma, y de los padres pasa a los hijos. En cambio, la instrucción presupone disposiciones, por eso, una clase sacerdotal fuerte y auténtica es siempre una colección de talentos particulares –una comunidad de conciencias– que no tiene en cuenta el origen en el sentido racial y que, por lo tanto, niega el tiempo y la historia. ¡Afinidad intelectual y parentesco de sangre! Pensad en la diferencia que existe entre estas dos palabras".

Id., p. 397

27.- "Más tarde, después de haberse formado las ciudades, aparece la burguesía, el tercer estado o tercera clase. También el burgués se siente más, mira ahora despreciativo hacia el campo que en su derredor yace, inmutable, como soportando la historia. Frente al campesino, el burgués se siente más despierto, más libre, y por lo tanto, más progresivo en la vía de la cultura. También desprecia a las dos primeras clases, 'hidalgos y curas', algo que espiritualmente se halla debajo e históricamente detrás de él. Pero frente a esas dos clases humanas, el burgués, como aldeano, es un resto, no es una clase. El labrador acaso no existe en el pensamiento de los privilegiados, el burgués existe, pero como lo contrario, como el fondo sobre el cual se destacan los privilegiados.

La burguesía es aquello por contraste con lo cual las dos clases primordiales se dan cuenta de su sentido trascendente, ajeno a todo lo práctico. Y si en todas las culturas sucede esto en la misma forma; si el curso de la historia se verifica por doquier en éstas y con estas oposiciones, de suerte que las guerras instintivas de labradores aparecen en las primaveras de las culturas, y las guerras burguesas, con bases espirituales, surgen en las épocas posteriores –por distintos que sean los símbolos de cada cultura diferente–, entonces el sentido de este hecho deberá buscarse en los últimos fundamentos de la vida misma".

Id., 2, p. 389-390

28.- "La tercera clase, como hemos visto, carece íntimamente de unidad; ha sido la no-clase, la protesta contra la división en clases y no contra ésta o aquella clase, sino en general contra la forma simbólica de la vida. La tercera clase rechaza toda diferenciación que no justifique la razón, ni la utilidad; y, sin embargo, significa algo, y lo significa con plena claridad; es la vida urbana hecha clase y opuesta a la vida rural: es la libertad hecha clase y opuesta a la sujeción. Mas, considerada en su propio ser, la clase tercera no es en modo alguno un resto, un residuo, como parece cuando se la mira desde las otras dos clases. La burguesía tiene límites, pertenece a la cultura: comprende, en el mejor sentido a todos los adherentes a la cultura bajo la denominación del pueblo, *populus, demos,* al que se subordina la nobleza y la clase sacerdotal, el dinero y el espíritu, el oficio y el trabajo o jornal, como partes integrantes del conjunto".

2ª parte, cap. IV, A), 5, p. 418- 419

29.- "La burguesía, la clase social del espíritu, comienza a darse cuenta de su existencia propia al oponerse a las potencias feudales de la sangre y de la tradición. Derriba tronos y limita todos los derechos en nombre de la razón, y sobre todo en nombre del pueblo, entendiendo por tal exclusivamente el pueblo de la ciudad. La democracia es la forma política en que se le exige al labrador la concepción cósmica del hombre ciudadano. El espíritu de la ciudad reforma la gran religión de los tiempos primitivos y coloca, junto a la antigua religión de clases, una religión burguesa: la ciencia libre. La ciudad asume la dirección de la historia económica, sustituyendo los valores primarios del campo, inseparables de la vida y pensamiento aldeanos, por el concepto de dinero, concepto separado ya del de bienes raíces".

2ª parte, cap. II, A), 4, p. 119

30.- "El pensamiento de que la vida no ha de servir a fines prácticos, sino que ha de sujetarse en toda su actitud de expresar el simbolismo del espacio y del tiempo, siendo esto lo único que la capacita a aspirar una jerarquía superior, es una idea que provoca la más amarga contradicción por parte de la inteligencia urbana, esta inteligencia, a cuya esfera pertenece toda literatura política de las épocas posteriores, dispone una nueva agrupación de clases, partiendo de la ciudad; empieza por ser teoría pero pronto, merced a la omnipotencia del racionalismo, se realiza en la práctica y aun en la sangrienta realidad de las revoluciones. La nobleza y el clero, si aún existen, aparecen entonces como clases privilegiadas, acentuándose harto este privilegio; con lo que tácitamente se expresa que su pretensión a disfrutar de privilegios reconocidos, por su jerarquía histórica, resulta anticuada y absurda a los ojos del derecho racional o natural".

2ª parte, cap. XV, A), 5, p. 415

31.- "En la urbe mundial no vive un pueblo, sino una masa. La incomprensión de toda tradición que, al ser atacada, arrastra en su ruina a la cultura misma –nobleza, iglesia, privilegios, dinastía, convenciones artísticas, límites científicos de la posibilidad del conocimiento–, la inteligencia aguda y fría, muy superior a la prudencia aldeana, el naturalismo de sentido novísimo que saltando por encima de Sócrates y Rosseau, va a enlazarse, en lo que toca a lo sexual y social, con los instintos y estados más primitivos, el *panem et circenses* que se manifiesta de nuevo hoy en los cursos de boxeo y en la pista de deportes, todo eso caracteriza bien, frente a la cultura definitivamente conclusa, frente a la provincia, una forma nueva, postrera y en porvenir, pero inevitable, de la existencia humana".

Introducción, 15, p. 77

32.- "Pero la civilización –verdadero retorno a la naturaleza– es la extinción de la nobleza, no como estirpe, que esto fuera de escasa importancia, sino como tradición viviente; es la substitución del sino rítmico por la inteligencia causal. La nobleza redúcese entonces a ser un adjetivo. Pero la historia civilizada se convierte por ello precisamente, en historia superficial, orientada hacia fines dispersos y próximos, historia informe diluida en el cosmos, dependiente del azar de los grandes individuos, historia sin certidumbre interna, sin línea, sin sentido".

2ª parte, cap. IV. A), 2, p. 395

33.- "El hombre civilizado, el nómada intelectual, vuelve a ser todo microcosmos, sin patria, libre de espíritu como los cazadores y los pastores eran libres de sentido. *Ubi bene, ibi patria;* el dicho vale para antes y para después de toda cultura".

2ª parte, cap. II, A), p. 111

34.- "En las ciudades mundiales es donde, junto a una minoría que tiene historia, que vive en sí la nación, que siente en sí representada la nación y quiere dirigirla, se produce otra minoría de hombres literarios sin tiempo, sin historia, hombres de razones y causas, no del sino, hombres que, ajenos ya por dentro a la sangre y a la existencia, son pura conciencia vigilante, y no ven en el concepto de nación ningún contenido 'racional', y es la verdad que estos hombres ya no pertenecen a una nación. Todo 'pueblo culto' es una corriente de existencia; pero el cosmopolitismo es mera asociación de 'inteligencias'".

2ª parte, cap. II, C), 19, p. 218

35.- "Precisamente por eso esta minoría, espiritualmente superior, combate con las armas del espíritu, porque las ciudades mundiales son puro espíritu, sin raíces, posesiones mostrencas del hombre civilizado".

Id., p. 219

36.- "La urbe mundial significa el cosmopolitismo ocupando el puesto del 'terruño', el sentido frío de los hechos substituyendo a la veneración de la anterior religión del alma, 'sociedad' en lugar del Estado, los derechos naturales en lugar de los adquiridos. El dinero como factor abstracto inorgánico, desprovisto de toda relación con el sentido del campo fructífero y con los valores de una originaria economía de la vida...".

Introducción, 12, p. 63-64

37.- "Un siglo de actuación puramente extensiva, que excluye toda elevada producción artística y metafísica –digámoslo en dos palabras; una época irreligiosa, pues tal es precisamente el concepto de la gran urbe–, es una época de decadencia".

Introducción, 15, p. 77

38.- "Esta extinción de la religiosidad interior viviente, que va cundiendo poco a poco por todas las partes de la realidad, aún las más insignificantes, es lo que en el panorama histórico caracteriza el tránsito de la cultura a la civilización, el *climaterium* de la cultura, como en otro lugar le he llamado, el recodo en que se agota para siempre la productividad anímica de un tipo humano y en que la construcción substituye a la creación. Si se toma la palabra improductividad en un pleno sentido primitivo, es éste justamente el término que designa el sino íntegro del hombre occidental, todo cerebro; y entre los símbolos más significativos de la historia hay que poner el hecho de que este cambio se manifiesta no sólo en la extinción de las artes mayores, de las formas sociales, de los grandes sistemas intelectuales y, en general, del gran estilo, sino también en sentido corporal, en la disminución de los nacimientos, en la muerte de las razas civilizadas, separadas del campo; fenómeno que en el imperio romano y en el chino fue advertido y lamentado, pero que no pudo remediarse, como se comprende fácilmente".

1ª parte, cap. V, 15, p. 445

39.- "En este estado comienza para todas las civilizaciones un período varias veces secular de horrorosa despoblación. Desaparece la pirámide de la humanidad capaz de cultura. El desmonte comienza por la cúspide; primero las ciudades mundiales, luego las provincias y, por último, el campo, que contiene durante algún tiempo la despoblación de las ciudades enviando a ellas su propia población. Sólo queda, al fin, la sangre primitiva, pero ya privada de sus elementos vigorosos y preñados de futuro. Y aparece el tipo del *felah*".

2ª parte, cap. II, aC, 5, p. 129-130

40.- "Si se entiende por democracia la forma que la tercera clase, como tal, desea imprimir a toda la vida pública, entonces hay que añadir que democracia y plutocracia significan lo mismo. Son una con respecto a la otra lo que el deseo con práctica, lo que el conocimiento con respecto al éxito. Hay un elemento trágico en la desesperada lucha que los reformadores y maestros de la libertad dirigen contra el efecto del dinero, y es que ellos mismos sostienen esa lucha con dinero. Entre los ideales de la clase reformada, por los que no pertenecen a ninguna clase, está no solamente el respeto que se expresa en los conceptos de igualdad, de derecho innato y en el principio del sufragio universal, sino también la libertad de la opinión pública, sobre todo la libertad de prensa. Estos son ideales. Pero en realidad, la libertad de la opinión pública requiere la elaboración de dicha opinión, y esto cuesta dinero; la libertad de la prensa requiere la posesión de la prensa, que es cuestión de dinero, y el sufragio universal, la propaganda electoral, que permanece en la dependencia de los deseos de quien la costea. Los representantes de las ideas no ven más que un aspecto; los representantes del dinero trabajan con el otro aspecto. Todos los conceptos del liberalismo o socialismo han sido puestos en movimiento por el dinero y en interés del dinero... No hay movimiento proletario, ni siquiera comunista, que no actúe en interés del dinero, en la dirección marcada por el dinero y con la duración fijada por el dinero, sin que se aperciban de ello los jefes que son verdaderamente idealistas. El dinero piensa: el dinero dirige; tal es el estado de las culturas decadentes desde que la gran ciudad se ha adueñado del resto del país".

2ª parte, cap. IV, B), 11, p. 469-470

41.- "Al terminarse la época final de toda cultura, llega también a su término, más o menos violentamente, la historia de las clases. Vence la mera voluntad de vivir, en libertad y desarraigo, sobre los grandes símbolos de la cultura que la humanidad, toda urbanizada, ya ni comprende ni tolera. El dinero borra todo sentido de los valores inmuebles, adheridos al suelo. La crítica científica elimina todo respeto de piedad. La liberación de los campesinos es, en parte, una victoria sobre los ordenamientos simbólicos; el campesino queda substraído a la presión de la dependencia, pero entregado a la potencia del dinero, que convierte el suelo en mercancía mueble".

2ª parte, cap IV, A), 5, p. 417

42.- "Todo depende de que nos demos claramente cuenta de esta situación, de este sino, y comprendamos que el engañarse a sí mismo no cambia en nada el estado de las cosas. El que no lo comprenda así, no cuenta entre los hombres de su generación. Es un necio, un charlatán o un pedante".

b. Arnoldo Toynbee (1889-1975)

Visión coyuntural de la historia

Arnoldo Toynbee ha sido reconocido como uno de los grandes historiadores ingleses. Nació en 1889 y murió en 1975. Estudió en la Universidad de Oxford, y desde 1925 hasta su retiro en 1955, se desempeñó como Director de Estudios en el Real Instituto de Asuntos Internacionales y como Profesor Investigador de Historia Internacional en la Universidad de Londres.

Para Toynbee el pasado es como una sucesión de sociedades y civilizaciones más que de potencias políticas. Las estudia en forma comparativa. De ello tratan diversos libros, pero principalmente en su *A Study of History*, publicada en doce tomos entre los años 1934 y 1961. Analiza la génesis, crecimiento y desintegración de las civilizaciones. Según él, el curso de su historia depende de su capacidad para responder a los desafíos que enfrenta, morales y religiosos, más que a los desafíos físicos o medioambientales.

Comienza fijando lo que él llama *campo inteligible de estudio histórico*. No se halla ni en la historia universal ni en las llamadas historias nacionales. Tomando como ejemplo a su propio país, señala que los acontecimientos decisivos en orden de menor a mayor antigüedad –Revolución Industrial del siglo XIX, establecimiento de un gobierno parlamentario responsable, expansión ultramarina y creación de sistemas coloniales, reforma, renacimiento, feudalismo, cristianismo– no son privativos de Inglaterra ni tampoco son susceptibles de ser referidos a un orden universal; se desarrollan en un cierto ámbito, el de la cultura occidental europea y americana. A este ámbito, campo inteligible, le llama Toynbee *sociedad o civilización*.

Una clara relación le une a Spengler: la tendencia a centrar el trabajo histórico al análisis de civilizaciones; pero mientras en Spengler éstas no se influyen, en Toynbee aparecen agrupadas por lazos muy estrechos.

Toynbee detecta un total de veintitrés sociedades históricas cinco de ellas vivas, y las demás muertas o fosilizadas. Las sociedades vivas son: cristiana occidental, cristiana ortodoxa, islámica, hindú y extremo oriental. Todas ellas tienen su origen en sociedades anteriores y han nacido mediante un proceso que parece repetirse en cada caso.

La diferencia entre sociedades primitivas y civilizadas no procede de aspectos externos, como el desarrollo de instituciones o la división del trabajo, sino de un aspecto interno, la actitud del hombre respecto a su pasado, lo que Toynbee llama mímesis o imitación. Según Toynbee, la dinámica de la historia se ejerce a través de acciones (*challenge*, desafío o estímulo) y reacciones (*response*, respuesta), que son la trama de crecimiento de las sociedades. Uno de estos juegos de acción y reacción, suficientemente vigoroso, provoca el nacimiento de la civilización; y ésta se mantiene viva en cuanto es capaz de dar adecuada respuesta a los desafíos que se le proponen.

Textos

1.- "Los historiadores generalmente ejemplifican, más que corrigen, las ideas de las comunidades dentro de las cuales viven y obran, y el desarrollo de los últimos siglos, y más particularmente de las últimas generaciones del presuntivamente autárquico Estado Soberano Nacional, ha llevado a los historiadores a escoger las naciones como los campos normales de estudio histórico. Pero ninguna nación o Estado Nacional de Europa puede presentar, aisladamente, una historia que se explique por sí misma".

Tomo I, cap. I. La unidad del estudio histórico

2.- "(…) Al hacer estos cortes habremos de distinguir ciertos planos diferentes de la vida social –el económico, el político y el cultural– porque es ya evidente que la extensión espacial de esta sociedad difiere perceptiblemente según el plano donde fijemos nuestra atención".

Tomo I, cap. I

3.- "(…) Enseguida nos hayamos enfrentados con el hecho de que no podemos conocer su futuro, una limitación que reduce grandemente la cantidad de luz que puede arrojar el estudio de esta sociedad particular, o de cualquier otra de las sociedades existentes, sobre la naturaleza de la especie a que estas sociedades pertenecen. Debemos contentarnos con los comienzos de nuestra sociedad occidental.

(…) Es ahora manifiesto que al seguir hacia atrás la vida de nuestra sociedad occidental más allá del 475, comenzamos a encontrarla presentada en forma algo diferente de ella misma, en forma de Imperio Romano y de la sociedad a que este Imperio pertenecía".

Id.

4.- "La ilusión del progreso como algo que marcha en línea recta es un ejemplo de aquella tendencia a la ultra simplificación que presenta la mente humana en todas sus actividades. En sus *periodizaciones*, nuestros historiadores disponen sus períodos en una serie de extremo a extremo, igual que entre las secciones de nudo y nudo de una caña de bambú, o las de un mango extensible al término del cual coloca un deshollinador moderno su escoba para el hollín. En el mango de escoba que nuestros historiadores modernos han heredado, había originariamente dos secciones: la *antigua* y la *moderna*; correspondientes aproximadamente, aunque no exactamente, al *Antiguo* y al *Nuevo Testamento*, y al cómputo dual de fechas de antes y después de Cristo. Esta dicotomía del tiempo histórico es una reliquia de la visión del proletariado interno de la sociedad helénica, que expresaba su sentido de extrañamiento de la minoría dominante helénica, estableciendo una antítesis absoluta entre el orden antiguo helénico y el de la Iglesia Cristiana, y que con ello, sucumbió a la *ilusión egocéntrica* (mucho más excusable en ellos, con su limitado conocimiento, que en nosotros) de tratar la transición de una de nuestras veintitrés sociedades a otra, como el punto decisivo de toda la historia humana".

Tomo I, cap. II. La comparabilidad de las sociedades

5.- "Una diferencia esencial entre las civilizaciones y las sociedades primitivas, tal como nosotros las conocemos, es la dirección tomada por la *mimesis* o imitación. La *mimesis* es un rasgo genérico de toda vida social. Su actuación puede observarse tanto en las sociedades primitivas como en las civilizaciones en toda la actividad social, desde la imitación del estilo de las estrellas de cine por sus hermanas más humildes hacia arriba. Opera, sin embargo, en diferentes direcciones en las dos especies de sociedad.

En las sociedades primitivas, por lo que sabemos, la mimesis se dirige hacia la generación más vieja y hacia los antecesores muertos que se hallan, invisibles, pero no imperceptibles, a la espalda de la generación más vieja de los vivos, reforzando su prestigio. En una sociedad cuya *mimesis* se dirige al pasado, gobierna la costumbre y la sociedad permanece estática. Por otra parte, en las sociedades en proceso de civilización, la *mimesis* se dirige hacia personalidades creadoras que logran una adhesión, porque son precursoras. En tales sociedades, se rompe *la corteza del uso*, como la llamó Walter Bagehot en su *Física y Política*, y la sociedad se pone en movimiento dinámico (*sic*), siguiendo un proceso de cambio y crecimiento".

Tomo II, La génesis de las civilizaciones, cap. IV. El problema y cómo no resolverlo

6.- "Las fuerzas actuantes no son nacionales, sino que proceden de causas más amplias, que operan sobre cada una de las partes y que no son inteligibles en su actividad parcial a menos que se tenga una visión general de su actividad en toda sociedad. Partes diferentes son afectadas diferentemente por una causa general idéntica, porque cada una de ellas reacciona, y cada una contribuye, en modo diferente, a las fuerzas que esta misma causa pone en movimiento. Podemos decir que una sociedad enfrenta en el curso de su vida, una serie de problemas que cada miembro ha de resolver por sí mismo como mejor pueda. La presentación de cada problema es una incitación a sufrir una prueba, y a través de esta serie de pruebas, los miembros de una sociedad se diferencian progresivamente unos de otros. En el proceso general, es imposible captar la significación de la conducta de ningún miembro particular sometido a una prueba particular sin tener en cuenta la conducta semejante o desemejante de sus compañeros y sin considerar las pruebas sucesivas como una serie de acontecimientos en la vida de toda sociedad".

Tomo I, cap. I

7.- "Si aumentamos la serenidad de la incitación *ad infinitum*, ¿lograremos con ello una intensificación infinita del estímulo y un aumento infinito de la respuesta cuando se ha enfrentado con éxito la *incitación*[1]?, ¿o alcanzaremos un punto más allá del cual el aumento de la severidad produce una disminución de los resultados?, ¿ y si vamos más allá de este punto?, ¿alcanzaremos un punto ulterior en que la incitación sea tan severa que desaparezca la posibilidad de responder a ella con éxito? En este caso, la ley sería que 'la incitación más estimulante se ha de encontrar en un término medio entre una falta de severidad y un exceso de ella'".

Tomo II, cap. VIII. El justo medio

8. – "(...) Una serie dada de respuestas felices a incitaciones sucesivas se ha de interpretar como una manifestación de crecimiento, si cuando se realiza la serie tiende la acción a mudarse del campo del contorno externo, físico o humano, al *for interieur* de la personalidad o civilización en crecimiento. En tanto que ésta crece y continúa creciendo, ha de contar cada vez menos con incitacio-

---

[1] (entiéndase challenge= desafío)

nes provocadas por fuerzas externas y que exijan respuestas en un campo de batalla exterior y cada vez más con incitaciones que se presentan a sí mismas en un teatro interior. El crecimiento significa que, la personalidad o la civilización en crecimiento tiende a convertirse en su propio contorno, en su propia incitación, y en su propio campo de acción. En otras palabras, el criterio de crecimiento es el progreso hacia la autodeterminación (...)".

Tomo III, cap. X

9.- "(...) En un examen empírico, la carrera de una civilización en crecimiento parecería estar rodeada de peligros, y si recordamos nuestro análisis del crecimiento, veremos que el peligro está en la misma naturaleza del curso que se ve obligada a seguir una civilización en crecimiento.

El crecimiento es la obra de personalidades creadoras y de minorías creadoras; éstas no pueden continuar moviéndose hacia adelante a menos que puedan arreglárselas para llevar consigo a sus compañeros en su avance; y los no creadores soldados de tropa de la humanidad, que son siempre la abrumadora mayoría no pueden ser transformados *en masse* y elevados a la altura de sus líderes en un abrir y cerrar de ojos. Esto sería en la práctica imposible, pues la gracia espiritual interior que se enciende en un alma no iluminada por la comunión con un santo es casi tan rara como el milagro que trajo al santo mismo al mundo. La tarea del líder es hacer de sus congéneres sus secuaces; y el único medio por el cual la humanidad en masa puede ser puesta en movimiento hacia un objetivo más allá de sí misma es reclutar la facultad primitiva y universal de la *mímesis*".

Tomo IV, cap. XVI

10. - "(...) Hemos encontrado ya, que el criterio último y la causa fundamental de los colapsos que preceden a la desintegración, es un estallido de discordias internas, por las cuales las sociedades pierden su facultad de autodeterminación.

Los cismas sociales en que se revela parcialmente esta discordia desgarran a la sociedad en colapso en dos dimensiones diferentes simultáneamente. Hay cismas verticales entre comunidades geográficamente segregadas, y cismas horizontales entre clases geográficamente mezcladas pero socialmente segregadas.

En cuanto concierne al tipo vertical del cisma, hemos visto ya con cuánta frecuencia una temeraria dedicación al crimen de la guerra interestatal ha sido el rumbo principal de la actividad suicida. Pero este cisma vertical no es la manifestación más característica por la cual se producen los colapsos de civilizaciones, pues la articulación de una sociedad en comunidades "provincianas" es después de todo un rasgo común a todo el género de las sociedades humanas, civilizadas e incivilizadas, y la guerra interestatal es meramente el abuso de un instrumento potencial de autodestrucción que está al alcance de cualquier sociedad en cualquier tiempo.

En cambio el cisma horizontal de una sociedad al tenor de las clases no sólo es peculiar de las civilizaciones, sino también un fenómeno que aparece en el momento de sus colapsos y que es una señal distintiva de los períodos de colapso y desintegración, en contraste con su ausencia durante las fases de génesis y crecimiento".

Tomo V, cap. XVII

11.- "El arcaísmo puede, en realidad, definirse como una reversión de la *mímesis* de las personalidades creadoras contemporáneas, a una *mímesis* de los antepasados de la tribu: es decir, como una caída del movimiento dinámico de la civilización a la condición estática en que cabe ver ahora a la humanidad primitiva (...) En forma semejante podemos definir el futurismo como el repudio de toda *mímesis*, y también como una de aquellas tentativas para realizar forzadamente un cambio que, si llega a triunfar, da por resultado reducciones sociales que malogran su propio propósito al desempeñarse en reacciones".

Tomo V, cap. XIX, p. 111 y 112

12.- "(...) El mejor modo de abordar esta cuestión puede ser preguntarnos otra ¿cuál es la diferencia existente entre el desapego y la transfiguración en términos de crecimiento social? La respuesta es claramente que, mientras el desapego constituye un movimiento simple de puro retiro, la transfiguración es un movimiento compuesto de retiro seguido por el retorno (...) El significado literal de la palabra griega "palingenesia" es "repetición de nacimiento" y el término contiene un elemento de ambigüedad. ¿Queremos decir el nacer otra vez de algo que ha nacido antes, por ejemplo, la sustitución de una civilización irreparablemente herida por otra de la misma especie? Esto no puede ser lo que queremos decir, pues éste es el fin no de la transfiguración, sino de un movimiento encerrado en la corriente del tiempo; y no nos referimos ni al arcaísmo ni al futurismo en el sentido en que hemos empleado hasta ahora estos términos, sino a otro movimiento del mismo orden.

La palingenesia en este sentido sería la rueda de la existencia que da por supuesta la filosofía budista y que trata de romper por un retiro al Nirvana. Sin embargo, la palingenesia no puede significar la consecución del Nirvana, pues el proceso por el cual se alcanza este estado de negatividad no puede concebirse como un nacimiento.

Pero si la palingenesia no significa tampoco la consecución del Nirvana, sólo puede significar la consecución de otro estado súper mundano al cual la imagen del nacimiento pueda aplicarse de un modo iluminador, porque este otro estado es un estado positivo de la vida, aunque una dimensión espiritual superior al de la vida de este mundo. Es la palingenesia de la cual Jesús habla a Nicodemo: *No puede ver el Reino de Dios, sino aquél que renaciere de nuevo*, y que Él proclama como el fin de su propio nacimiento carnal: *Yo he venido para que tengan vida y para que la tengan en abundancia"*.

Tomo V, cap. XIX

13.- "Una de las señales más conspicuas de la desintegración, como ya hemos observado, es el fenómeno de la penúltima etapa de la declinación y caída, que se produce cuando una civilización en desintegración obtiene un alivio sometiéndose a una unificación política energética de un Estado Universal. Para un estudioso occidental, el ejemplo clásico es el Imperio Romano, en el cual quedó recogida por su fuerza la Sociedad Helénica en el penúltimo capítulo de su Historia (...) ¿y qué ocurre con nuestra Civilización Occidental? Manifiestamente no hemos alcanzado aún la etapa del Estado Universal. Pero hemos encontrado, en un capítulo anterior, que el Estado Universal no es la primera etapa de la desintegración, como tampoco la última. Aquél es seguido por lo que hemos llamado un *interregno* y precedido por lo que hemos llamado unos *tiempos revueltos*, que ordinariamente parecen ocupar varios siglos".

Tomo IV, cap. XIII

14.- "Si imagináramos una sociedad mundial en la que el hombre se liberó primero de la guerra, luego de los conflictos de clase, y llegó a resolver el problema de la población, podríamos suponer que el problema siguiente que debería resolver la humanidad sería el papel del ocio en la vida de una sociedad mecanizada.

El ocio ya desempeñó un papel de capital importancia en la historia, pues si la necesidad fue la madre de la civilización, el ocio fue su nodriza (...)".

Tomo XII, cap. XLIII

15.- "El estudio de la historia llega a un punto en que las civilizaciones, al igual que los estados sufragáneos del mundo occidental moderno, que examinamos al comienzo de esta investigación, cesan consecutivamente de constituir un campo de estudio inteligible y pierden su significado histórico, si bien siguen regulando el progreso de la religión".

Bibliografía

BERNHEIM, ERNST. *Manual del método histórico y de la filosofía de la historia* (1889), varias ediciones, trad. castellana.

BOCHENSKY, J. M. *El materialismo dialéctico*, trad. castellana, Madrid, 1956.

BRAVO LIRA, BERNARDINO. "América y la Modernidad: de la Modernidad barroca e ilustrada a la Postmodernidad", *en Jahrbuch für Geschichte von Staat, Wirtschaft und Gessellschaft Lateinamerikas* 30, Colonia-Weimar-Viena, 1993.

BUONAIUTTI, E. *Gioachino da Fiore: I tempi, la vita, il messaggio*, Roma, 1931.

BURCKHARDT, JACOB. *Reflexiones sobre la historia universal* (1910), México, 1961.

CASSANI, JOSÉ LUIS y PÉREZ AMUCHÁSTEGUI, ANTONIO J. *Del epos a la historia científica*, Buenos Aires, 1959.

CASSIRER, ERNST. *Filosofía de la Ilustración* (1932), trad. castellana, Madrid, 1943.

CESAREA, EUSEBIO DE. *Chronicon*, ed. Helm Rudolf, Berlín, 1956.

CHEVALIER, JACQUES. *Histoire de la pensée*, 2 vols., París 1955, trad. castellana, Madrid, 1958.

COLLINGWOOD, R. G. *La idea de la Historia* (1946), México, 1952.

COPLESTON, FRÉDERIC. *Historia de la Filosofía*, 8 vols., Barcelona, 1978.

D'ELIA, FRANCESCO, GIOACCHINO DA FIORE, un maestro della civilitá europea, 1951.

DAWSON, CHRISTOPHER. *Dinámica de la historia universal*, Madrid, 1961.

ENGELS, ODILO. "Joachim von Fiore", en Görres-Gesellschaft, *Staatslexikon* 3, Friburgo-Basilea-Viena, 1987.

FERRATER MORA, JOSÉ. *Cuatro visiones de la historia universal*, Madrid, 1982.

FRIEDELL, EGON. *Kulturgeschichte der Neuzeit*, 2 vols., Munich, 1976, numerosas ediciones posteriores.

FUKUYAMA, FRANCIS. "¿El fin de la Historia?", en *The National Interest*, 16, 1989. El autor atenuó su posición en *The end of history and the last man*, Nueva York, 1992, trad. castellana, Buenos Aires, 1992.

GAMBRA, RAFAEL. *La interpretación materialista de la historia*, Madrid, 1946.

GÓNGORA DEL CAMPO, MARIO. "Nociones de cultura y civilización en Spengler", en *Realidad*, Santiago 1980, ahora en el mismo, *Civilización de masas y esperanza y otros ensayos*, Santiago, 1987.

GONZAGUE DE REYNOLD, CONDE DE. *L'Europe tragique, La Révolution moderne. La fin d'un monde*, París, 1935.

GRUNDMANN, H. *Studien über Joachim von Floris*, Leipzig, 1927.

HAZARD, PAUL. *La crisis de la conciencia europea (1680-1715)*, (1932), trad. castellana, Madrid, 1975.

HIRSCHBERGER, JOHANNES. *Historia de la filosofía*, 3 vols., Barcelona, 1959-1960.

IBÁÑEZ LANGLOIS, J. M. *Marxismo: visión crítica*, Santiago, 1981.

KRÜGER, KARL HEINRICH. *Die Universalchroniken*, Turnout, 1967.

LÖWITH, KARL. *El sentido de la historia* (1949), trad. castellana, Madrid, 1958.

LÖWITH, KARL. *De Hegel a Nietzsche* (1939), trad. castellana, Madrid, 1956.

LUBAC, HENRI DE. *La posterité spirituelle de Joachuim de Fiore*, 2 vols., París, 1979-1980.

LUBAC, HENRI DE. *Le drame de l'humanisme athée*, París 1945, trad. castellana, Madrid, 1955.

MÜLLER-ARMACK, ALFRED. *El siglo sin Dios* (1959) trad. castellana, México, 1968.

OCARIZ, FERNANDO. *El marxismo, teoría y práctica de una revolución*, Santiago, 1985.

ORLANDIS, JOSÉ. *La Iglesia católica en la segunda mitad del siglo XX*, Madrid.

SUÁREZ FERNÁNDEZ, LUIS. *Las grandes interpretaciones de la historia*, Bilbao, 1968.